UN PROPHÈTE NOMMÉ ÉMILIEN

Un hommage d'amitié

au père Émilien Tardif

par

JEAN RAVARY, prêtre

Du même auteur, Jean Ravary:

Jésus est vivant: je l'ai rencontré – Évangélisation 2000 – 1995.

Préparation de ma mère à ce grand rendez-vous d'amour avec Dieu –
    Évangélisation 2000 – 1998.

Ta parole est de feu – Évangélisation 2000 – 1999.

C.P. 325, Succursale Rosemont
Montréal (Québec), Canada H1X 3B8
Téléphone: (514) 522-2244
Télécopieur: (514) 522-6301
Courrier électronique: pnadeau@edimag.com

Éditeur: Pierre Nadeau

Dépôt légal: premier trimestre 2000
Bibliothèque nationale du Québec
Bibliothèque nationale du Canada

© 2000, Édimag inc.
Tous droits réservés pour tous pays
ISBN: 2-89542-011-4

Canada
Nous reconnaissons l'aide financière du gouvernement du Canada
par l'entremise du Programme d'Aide au Développement de
l'Industrie de l'Édition (PADIÉ) pour nos activités d'édition. ▮✦▮

Sommaire

Édimag inc. est membre de l'Association nationale des éditeurs de livres.

DISTRIBUTEURS EXCLUSIFS

Pour le Canada et les États-Unis
Les Messageries ADP
955, rue Amherst
Montréal (Québec) H2L 3K4
Téléphone: (514) 523-1182
Télécopieur: (514) 939-0406

Pour la Suisse
Transat S.A.
Route des Jeunes, 4 Ter
C.P. 1210
1 211 Genève 26
Téléphone: (41-22) 342-77-40
Télécopieur: (41-22) 343-46-46

Pour l'Amérique du Sud
Amikal
Santa Rosa 1840
1602 Buenos Aires, Argentine
Téléphone: (541) 795-3330
Télécopieur: (541) 796-4095

Préface

D'après le dictionnaire *Petit Robert*, le terme «préface», dans son sens liturgique, signifie «prologue solennel d'action de grâce qui précède le canon». Cette définition me semble fort à propos ici...

Ce petit livre n'a rien de scientifique sur le phénomène Émilien Tardif. Il est bien davantage un témoignage de mon amitié au nom de ce prêtre qui était si simple et si beau dans sa foi.

Je n'ai pas la prétention de tout savoir d'Émilien ni de redire ce qui a déjà été énoncé à son sujet. Le récit de sa guérison, son ministère étonnant qui l'a amené dans le monde entier, la fondation de son école d'évangélisation en République dominicaine, tout cela est rapporté dans les livres qu'il a lui-même écrits ou que ses amis lui ont dédiés. Toutefois, ces événements ont marqué sa vie et servent à comprendre l'ampleur du phénomène. C'est pourquoi j'ai dû en toucher quelques mots ici et là. Pour ces faits, je laisse d'ailleurs la parole à d'autres personnes qui l'ont bien connu, comme ses frères et sœurs, ainsi qu'à des religieux et des laïcs qui l'ont côtoyé.

J'ai voulu, par ce petit volume, affirmer haut et fort mon amitié pour Émilien et encourager la mémoire de ce grand serviteur de Dieu qui savait rester abordable et qui ramenait tout à la gloire de Jésus Ressuscité. Je le ferai à travers des souvenirs que j'ai de lui, des anecdotes, des rencontres et témoignages de quelques-unes des nombreuses personnes qui l'ont rencontré dans leur vie. Bien sûr, ce ne sont que quelques personnes, car Émilien était connu de presque tout le monde. Mais par ces témoignages, je voudrais rendre grâce à Dieu de cet être si simple et si beau dans son cœur qu'était Émilien Tardif.

Sans doute qu'en République dominicaine, on a beaucoup écrit et témoigné. Ce petit récit sera une voix de plus à ce concert d'action de grâce. Je dis bien «action de grâce» et non «louange», car Émilien détestait être mis en évidence. Il savait ramener son action et les résultats de son charisme à Dieu, qu'il remerciait sans cesse.

Que la lecture de ce petit volume, fait sans prétention, vous ouvre à la grandeur de l'action de Dieu qui, dans son incarnation, fait appel aux humains pour venir en aide aux humains.

Introduction

Émilien Tardif était comme un frère pour moi. C'est pourquoi j'ai décidé de faire ce témoignage d'amitié, un livre dédié à l'un des prophètes de notre temps.

Toute sa vie, Émilien est resté humble et simple, à un point tel que lui-même n'avait pas exactement conscience de l'impact qu'il avait. Tous les gens le connaissaient au Québec, du moins en avaient entendu parler. C'était en bien, la plupart du temps, même si Émilien avait aussi ses détracteurs. Mais ce grand homme ne jugeait jamais les gens. Croyants ou non, ils avaient tous une place dans son cœur.

En côtoyant Émilien pendant de nombreuses années et dans plusieurs pays, et ce jusqu'au Japon, j'ai appris à admirer d'autant plus l'homme. J'avais déjà beaucoup respect pour lui, mais de lui parler m'a fait développer à son égard une admiration débordante. Le connaître était un jeu d'enfant, car il n'avait pas de secret; il était lui-même, un serviteur de Dieu. C'était sa mission sur Terre que de promouvoir la Parole du Seigneur.

Lors de son décès, le 8 juin 1999, j'étais en train de prêcher dans une retraite préparatoire à la fête du Sacré-Cœur, à la chapelle de la Réparation. Son frère Louis, frère oblat de la paroisse Saint-Pierre Apôtre, s'est adressé à moi. Il m'a alors demandé si, le 19 juin suivant, je pouvais présider une eucharistie qui se célébrerait à cette paroisse des Oblats, Saint-Pierre Apôtre. J'étais honoré mais, en même temps, bouleversé! J'ai alors répondu: *«Ça revient à son supérieur de communauté ou à un évêque de présider!»* Louis m'a alors répondu: *«C'est toi qu'on veut, car tu es son ami, et ce titre est le plus important.»* C'est donc en tant qu'ami que j'ai accepté sa proposition.

Le témoignage d'Émilien est tellement touchant pour quiconque s'attarde à ses paroles et à ses actes. Pourtant, Émilien n'était pas suffisant de ses gestes. Quand nous célébrions la Parole de Dieu dans des retraites ou autres cérémonies, il était comme un enfant. Il n'a jamais pris le crédit pour les guérisons. Au contraire, lorsque de tels événements se produisaient, il applaudissait les actes de Dieu. Sa joie était perceptible à des milles! Il savait plus que quiconque rendre gloire à Dieu.

C'est le père Hermann Morin, des Missionnaires oblats de Marie Immaculée, qui résume le mieux cette pensée. Il l'a raconté dans une lettre qu'il a fait parvenir à un journaliste. *«Ça me fait rire quand j'entends discuter si la personne douée du charisme s'attribue ou non à elle-même le mérite de la guérison. C'est tellement évident pour tout charismatique expérimenté et sincère, conscient de son impuissance personnelle, comme le dit saint Pierre au verset cité plus loin. Ils vont vous* *crier:* «C'est absurde de penser cela, je ne suis que le messager!* (Actes 3, 12)» *Cela ne veut pas dire qu'ils sont naïfs ou inconscients: ils sont réalistes et assument la responsabilité qui découle des dons.*»

Le témoignage qu'Émilien laisse, pour moi, est celui d'un homme très simple, ouvert à ce que Dieu voulait faire de lui. Il possédait une foi extraordinaire, mais il ne l'imposait jamais. Il ne jugeait personne et ne cherchait pas à convaincre les gens, qu'ils soient croyants ou non. Je trouvais cela tellement beau. Et c'est à cette beauté intérieure d'Émilien aussi que je veux rendre hommage. Ce livre, c'est ma façon de lui dire merci. C'est un témoignage de remerciement à un ami que j'ai côtoyé et qui m'a stimulé dans mon sacerdoce.

Vous verrez, tout au long de votre lecture, les photos d'Émilien en compagnie de religieux, de laïcs et de gens dits ordinaires, qui étaient extraordinaires à ses yeux, comme à ceux du Christ. Vous verrez également Émilien en compagnie de sa famille, dont quelques membres ont participé à ses œuvres. Certains d'entre eux m'ont parlé de leur frère, et j'ai cru bon d'ajouter leurs témoignage à ce récit.

Comme Émilien a côtoyé énormément de gens partout dans le monde, plusieurs personnes lui ont, un jour ou l'autre, adressé des témoignages, des remerciements. Avec leur autorisation, j'ai reproduit quelques-unes de leurs paroles, des passages de lettres qu'il lui ont adressées car, comme eux, je trouve important de démontrer à quel point Émilien est resté fidèle à lui-même et à Jésus-Christ. C'est pourquoi, tout au long de ce livre, vous aurez l'occasion de lire des commentaires de gens qui l'ont connu, qu'ils soient laïcs ou religieux, Québécois ou Dominicains bref, citoyens du monde. Vers la fin, vous pourrez lire l'homélie prononcée par Monseigneur Juan Antonio Flores Santana, archevêque de Santiago lors des funérailles d'Émilien, un véritable phénomène en République dominicaine.

Toutefois, il faut commencer par le commencement. Voici donc la vie et l'héritage d'un saint homme, mon ami, le père Émilien Tardif.

Mon premier contact avec ce grand homme

«Une grande foule de disciples et une multitude
de peuples étaient venus l'entendre et se faire guérir,
et il les guérissait tous.»
Luc 6, 17-19

Afin de bien situer le personnage, je dois d'abord expliquer comment j'ai fait la connaissance d'Émilien, comment il est devenu mon ami.

J'ai connu Émilien Tardif alors qu'il était prêtre. Il exerçait son sacerdoce chez les missionnaires du Sacré-Cœur et, depuis 1956, il était au service de Dieu en République dominicaine. Malgré cela, il revenait périodiquement au Québec faire des visites dans les centres de prière. C'est par l'intermédiaire d'un grand congrès du Renouveau charismatique que je l'ai rencontré pour la première fois.

Cela se passait en 1976, au Stade olympique de Montréal. J'avais 32 ans à cette époque et je travaillais avec l'équipe du Jourdain, un centre de prédication à Montréal. Je tenais absolument à me présenter au Stade pour cette occasion. On m'avait bien sûr parlé du père Tardif, de son histoire, de ses guérisons, mais je ne le connaissais pas personnellement. En fait, je ne lui avais jamais parlé. Je ne le connaissais donc que de réputation.

On disait d'Émilien qu'il était un homme de Dieu à qui le Seigneur avait confié une mission de guérison des cœurs et des corps. Pendant le congrès au Stade olympique, je regardais et j'examinais, avec mes yeux et mon cœur de prêtre. C'est d'ailleurs notre attitude dans le clergé: on examine et on discute! Avant de pouvoir entreprendre toute discussion avec lui, je regardais en attendant l'événement clé de la journée.

Quand, à la fin de la messe, au moment de l'action de grâce, je vis approcher le père Émilien, je restai étonné de voir combien il ne possédait pas de don particulier pour l'éloquence... Au contraire! Je sentais cependant qu'il priait profondément dans son cœur. Par parole de connaissance, ce qui est un don de l'Esprit Saint, il se mit à proclamer des guérisons. Et je voyais des gens se lever de leur chaise roulante, marcher, témoigner. Comme tout le monde, je me disais: *«Qui est-il, lui, pour dire des choses comme ça? Ça doit être arrangé avec les gens! Non mais, c'est un véritable déluge de guérisons! Comment peut-il proclamer tout cela?»*

Au cœur de ce doute qu'on possède tous, je sentais pourtant quelque chose de sacré et de divin dans l'atmosphère. Ce n'était pas un «show» ni un spectacle où Émilien semblait dire: «*Regardez-moi…*» Je sentais que quelque chose de spirituel se vivait.

Je croyais au Ressuscité, je croyais aux charismes, je croyais à la puissance de Jésus-Christ. Toutefois, de voir cette puissance avec mes propres yeux, cela ne m'était jamais arrivé! En 1973, j'avais participé à une retraite, à Granby, avec le père Régimbald et j'avais entendu des récits étonnants de l'action de Dieu. Mais de voir cette action sous mes yeux, c'était autre chose… Je quittai le Stade ce jour-là avec, dans le cœur, le désir de lire et de m'informer davantage au sujet d'Émilien. Mieux encore, je voulais lui parler afin de le connaître, afin de savoir exactement ce qui m'attirait vers ses paroles et ses actes. Comme je l'ai dit plus tôt, dans le clergé, on regarde et on discute! Étant donné que j'avais observé, il me restait à entreprendre une discussion avec cet homme.

Le lendemain matin, dans le journal, il y avait des photos, des articles et des témoignages de cette journée, qui fut marquante dans ma foi de prêtre. Je ne savais quoi penser, mais je restais ouvert à ce que le Seigneur voulait faire. Par contre, je trouvais dommage que quantité de personnes, tant prêtres que laïcs, avaient tendance à n'accepter comme vrai que ce qu'elles pouvaient prouver. Et c'est là que j'ai compris que le Ressuscité est le même hier, aujourd'hui et à jamais. Si les guérisons n'étaient pas vraies, Jésus n'avait donc jamais guéri dans son ministère! Et je continuais de trouver déplorable le fait qu'on essaie d'expliquer tous les miracles de la Bible par une rationalisation. Celle-ci me faisait peur et, pire, rendent rigide la Parole de Dieu.

J'avais pourtant eu devant mes yeux un témoin tout simple et peu éloquent qui rendait grâce à Dieu, qui souriait et applaudissait devant sa merveilleuse action dans les cœurs et les corps. Instinctivement, je savais qu'il y avait de la vérité dans cet homme fragile. Il portait dans un vase d'argile la puissance de Dieu!

À la suite de cette manifestation de Jésus Ressuscité, Émilien et moi nous sommes rencontrés plusieurs fois. Comme il était prédicateur, comme moi, nous partagions déjà une même passion pour la Parole de Dieu. Nous participions aussi tous deux à des retraites. J'étais curé à l'époque, et Émilien est venu me rendre visite dans ma paroisse. On a donc commencé à se voir plus souvent, et je l'ai accompagné ici et là dans ses missions. Au fil des ans, nous avons pu discuter, prier, nous avons tissé des liens d'amitié et, finalement, nous sommes devenus de bons amis.

Je dois cependant réaffirmer la surprise qui m'a habité lorsque j'ai rencontré Émilien, l'homme, la première fois. Il me paraissait si grand, si imposant par ses exploits que je le croyais inaccessible. Ces gens de grande envergure peuvent aller jusqu'à faire peur lorsqu'on se borne à les regarder de loin. Pourtant, il vivait comme le plus petit des hommes. L'humilité dans toute sa splendeur s'incarnait en lui, mais je le pensais, à tort, plus détaché du monde. Je me trompais, et pas à peu près! En fait, il était si près de Dieu qu'il rejoignait chaque être humain. Il agissait avec un tel abandon de lui-même et avec une telle confiance en Dieu qu'il ne laissait personne indifférent. Ses guérisons y étaient certes pour quelque chose, mais il y avait plus...

Un peu comme le frère André, Émilien vivait un charisme de guérison très fort. Il recevait des paroles de certitude en lui. À ce moment, et en présence d'une personne malade, il laissait Dieu la guérir à travers lui. Je sais que certains n'y croient pas, mais je répète que j'ai vu de telles actions divines de mes propres yeux!

Par contre, Émilien ne croyait pas tellement aux guérisons avant de vivre la sienne. Depuis le miracle qui l'a remis sur pied, il n'a cessé de laisser aller en lui ce charisme. Pour la gloire de Dieu, toujours! Jamais pour sa seule et simple satisfaction personnelle. Émilien ne donnait pas de spectacle. C'était Dieu qui œuvrait à travers lui, son messager.

Son humilité dévoile sa vraie grandeur

«Avec une grande puissance, les apôtres rendaient
témoignage de la résurrection du Seigneur Jésus.
Et une grande grâce reposait sur eux tous.»
Actes 4, 33

É milien était un homme de bien. Comme je le disais, j'ai été surpris lorsque je l'ai rencontré en personne pour la première fois. Je le croyais trop important pour qu'il ait du temps à consacrer à des gens comme moi, un simple prêtre. Il me paraissait si grand… Et pourtant, dans sa simplicité, il rencontrait des gens, se rendait dans des hôpitaux, faisait des retraites, etc. Émilien n'arrêtait jamais de se donner pour les plus petits. Humble de sa personne, il vivait avec les gens du quotidien.

Nicole et Réjean Forgues, un couple d'amis proches, m'ont transmis leur propre témoignage à ce sujet. *«Dès son arrivée, après quelques heures de route en automobile pour traverser la République dominicaine du sud au nord dans des conditions pas nécessairement confortables, le père Émilien s'est rendu disponible pour rencontrer l'équipe responsable de notre voyage retraite,* écrivait M. Forgues. *Nous avons alors convenu des grandes lignes du programme de ces trois jours. Je lui ai demandé s'il serait disponible afin de recevoir des personnes pour le sacrement de réconciliation. Dans sa grande disponibilité, il m'a répondu:* «Laissez-moi le temps de m'installer dans ma chambre et, après cela, je serai disponible.» *C'est très interpellant de rencontrer un tel prêtre qui place ainsi en premier la célébration de sacrements.*»

Qui était donc cet homme qui était si en demande, qui attirait tant de monde? Pour faire son portrait, il importe de commencer par le commencement. Émilien est né à Saint-Zacharie, en Beauce, le 6 juin 1928, mais il a passé sa jeunesse en Abitibi. Il a joint les missionnaires du Sacré-Cœur à l'âge de 21 ans. En 1955, il a été ordonné prêtre. Cela se passait à la paroisse des... Rapides danseurs! Alors là, je dois avouer que je me suis posé bien des questions lorsque j'ai appris cela! Cette paroisse se trouve en fait aux fins fonds de l'Abitibi, tout près de la frontière ontarienne, au nord de Rouyn-Noranda. L'endroit devrait son nom à une petite cascade, où les eaux sautillent sur les roches comme si elles dansaient!

En septembre 1956, Émilien, qui faisait partie de la congrégation des Missionnaires du Sacré-Cœur, avait été envoyé comme missionnaire en République dominicaine. Il y a d'ailleurs été nommé Supérieur de sa communauté, puis Provincial, un rôle qu'il a tenu pendant de nombreuses années, soit jusqu'en 1973, année où il a failli mourir. Après sa guérison, il a commencé à étudier le Renouveau charismatique catholique, alors qu'il était au Québec, puis il est retourné en République dominicaine. Toute sa vie, même s'il a adopté ce pays, il a voyagé d'un bout à l'autre du monde afin d'évangéliser les gens.

Émilien était un homme formidable, un pince-sans-rire et un conteur d'histoires extraordinaire. Il ne se prenait tellement pas au sérieux que ça m'a bouleversé quand je l'ai rencontré la première fois. Avant le miracle de sa guérison, il prenait avec un grain de sel les gens qui lui parlaient des charismes. Il n'aimait pas vraiment les prédicateurs. Même allongé sur son lit d'hôpital, il avait demandé à ce qu'on ferme la porte quand des gens avaient voulu lui imposer les mains. C'est seulement parce qu'il respectait leurs croyances qu'il les avait laissé faire.

Pour ma part, je ne m'attendais certes pas à ce qu'il soit aussi simple, lui, un grand personnage! Il avait cette capacité de s'émerveiller devant ce qui se produisait dans son ministère. Malgré tout ce qu'il faisait, il restait profondément humain. Jamais, selon ce que des membres de sa famille m'ont raconté, il ne disait: *«Je n'ai pas le temps.»* En vacances chez lui, en Beauce, il répondait à tous les gens qui lui avaient adressé du courrier et rencontrait tous ceux qui demandaient à le voir. C'était, bien entendu, un travail colossal, mais Émilien se donnait toujours pour la cause de Jésus-Christ.

C'est sûrement d'ailleurs l'une des raisons pour lesquelles Émilien était aimé de tous. Les religieux comme les laïcs gardent de lui des souvenirs impérissables. Au fil des ans, sa famille s'est agrandie. La République dominicaine était non seulement son pays d'adoption, c'était sa nouvelle famille. Pourtant, il n'a jamais délaissé ses proches, ses frères et ses sœurs du Québec. Son frère Louis et deux de ses sœurs m'ont raconté qu'il venait faire un tour chez les siens tous les trois ans lorsqu'il était missionnaire en République dominicaine. Au cours des quinze dernières années, il arrivait même à faire un saut dans sa famille tous les étés. Il ne faut pas oublier qu'entre-temps il parcourait le monde afin de remplir sa mission d'évangélisation sur Terre.

Lors de sa guérison, qui a eu lieu en septembre 1973, cinq personnes, dont sa sœur et son beau-frère, lui ont imposé les mains. Émilien a trouvé cela curieux, car il disait que seul l'évêque lui avait imposé les mains. Il était dans sa chambre d'hôpital à ce moment-là. Il avait demandé qu'on ferme la porte, gêné qu'il était de voir des gens lui parler de guérison. Il n'y croyait pas tellement à cette époque... Mais le miracle s'est produit. Émilien a su, quelques jours après s'être fait imposer les mains, qu'il était guéri. Les médecins ont parlé d'un cas unique... Appelé à commenter sa guérison, malgré le fait qu'il avait demandé de fermer les portes de sa chambre, il a simplement dit: *«Jésus avait eu le temps d'entrer!»*

Hélène Paquet, sa nièce, s'est rendue aux funérailles de son oncle. Elle a parlé d'Émilien sur les ondes de Radio-Galilée, à Québec: «*Il a été un serviteur du Christ Vivant. On a entendu de très beaux témoignages de la part de tous. Il était prêt à partir. Je suis certaine qu'on peut le prier.*» Ces témoignages étaient le fruit de ce qu'Émilien avait semé tout au long de sa vie. Sa façon de rendre la Parole de Dieu sans jamais «jouer au Jésus», faisait que les gens avaient confiance en lui. Mais tout cela explique-t-il pourquoi le père Émilien était si populaire? En fait, je crois que la source de son immense popularité réside dans Dieu lui-même. N'oublions pas qu'Émilien a toujours dit qu'il ne faisait que laisser le Christ Ressuscité agir à travers lui. C'est ce phénomène qui lui donnait autant de crédibilité. «*Je suis tellement peu éloquent que Dieu savait, en me confiant ce mandat, que les gens le reconnaîtraient*», disait-il avec son humilité légendaire.

En effet, Émilien était devenu pour les gens le symbole de Jésus Ressuscité sur Terre. Il donnait espoir aux gens, leur laissaient vivre une foi intense et volontaire qui relevait leur qualité de vie. C'est probablement son sens de l'émerveillement qui faisait de lui un être si attachant. Hermann Morin me l'a d'ailleurs écrit dans une lettre, au lendemain d'une émission de télévision où j'avais parlé d'Émilien.

«*Hier, le dimanche 5 septembre 1999, tu as parlé du sens de l'émerveillement du père Émilien Tardif. Là-dessus, nous coïncidons parfaitement. Pour toi, je ne mentionne qu'un fait démontrant le don d'émerveillement du père Émilien. Quand il prêchait au Mexique des retraites nationales sacerdotales charismatiques, nous étions ordinairement les seuls étrangers et Canadiens, et elles étaient présidées par monseigneur Carlos Talavera, qui vouait au père Tardif une confiance sans borne. Chaque fois, j'ai été frappé par l'admiration de monseigneur Talavera, surtout à la messe de guérison. Lorsque les prêtres venaient donner leur témoignage de guérison, monseigneur Talavera était assis sur son trône devant l'autel et le père Tardif, sur une marche à ses pieds. Pendant que les prêtres témoignaient, monseigneur Talavera ne lâchait pas des yeux le père Tardif qui, lui, fixait les prêtres, émerveillé, surpris et heureux comme un enfant et applaudissant ces merveilles de l'Esprit, oubliant que lui-même les avait proclamées, et peut-être provoquées! Et dans la joie du baiser de paix qui suivait, le père Tardif ouvrait son âme au seul autre Canadien présent et capable de saisir:* «Si les prêtres (en état de jubilation) savaient que je ne suis qu'un habitant de l'Abitibi…»

Cette lettre n'est qu'un exemple de la simplicité d'Émilien. Vu par certains comme un «géant», il demeurait aussi petit que le plus petit des hommes. Son humilité lui a probablement ouvert bien des cœurs et des âmes. *«Personne n'ignore qu'il se compare en toute simplicité au petit âne du dimanche des Rameaux»*, ajoute le père Hermann Morin dans une lettre adressée à un journaliste.

L'espoir retrouvé grâce à Émilien

«Repentez-vous, et que chacun de vous soit baptisé
au nom de Jésus-Christ, pour le pardon de vos péchés;
et vous recevrez le don du Saint-Esprit. Car la promesse
est pour vous, pour vos enfants, et pour tous ceux
qui sont au loin, en aussi grand nombre que le Seigneur
notre Dieu les appellera.»
Actes 2, 38-39

Émilien donnait espoir aux gens. Il a voyagé de par le monde afin d'évangéliser, comme le demandait Jésus à ses disciples. Il a par contre établi ses pénates en République dominicaine, car sa mission prévoyait entre autres qu'il consacre sa vie à celles des pauvres. Et c'est ce qu'il a fait, en plus de toutes les autres choses qu'il a réalisées.

En République dominicaine, il s'est découvert d'autres dons, ceux d'organisateur et de fondateur. En effet, de la construction d'un centre d'évangélisation jusqu'aux conférences et aux retraites qu'il faisait sans cesse, il a su tout mettre en œuvre afin de redonner aux pauvres l'espoir en la vie. Avant d'aller prêcher de par le monde, il s'était bien acquitté de sa tâche de curé de paroisse dans ce pays des Caraïbes. Il avait aussi, auparavant, beaucoup travaillé en imprimerie pour donner aux pauvres des moyens d'évangélisation et d'éducation.

Comme il agissait toujours de façon à rendre gloire à Jésus Ressuscité, il a, parmi ses plus grandes réalisations, fondé un grand centre d'évangélisation en République dominicaine. Il ne sert en effet à rien de donner les moyens de vivre à certaines gens sans leur donner un but à atteindre, une mission dans la vie. Dans ce centre, il a permis à nombre de jeunes et moins jeunes d'entrer en contact avec Dieu, grâce à l'organisation de cours d'évangélisation.

Sa nièce, Hélène Paquet, avait travaillé avec lui en paroisse il y a une vingtaine d'années. Elle m'a parlé de ce centre d'évangélisation. «*La construction du nouveau centre devrait être terminée pour l'an 2000. C'est formidable! Pour réaliser ce projet, Émilien avait reçu cadeau, de la part du président de la République dominicaine, un grand terrain où il pourrait bâtir le centre. C'est immense: il y aura une grande chapelle et des salles de réunion pouvant contenir au moins 500 personnes, des chambres pour environ 300 personnes et une immense cafétéria. Il est aussi probable que la station de radio et de télévision Lumen 2000 soit rapatrié en ces nouveaux locaux. Tout ça dans un bâtiment qui devait au départ porter le nom de Jean-Paul II mais qui, finalement, sera nommé Émilien-Tardif!*» Elle a ajouté, fièrement: «*Oncle Émilien se réjouissait qu'on puisse venir de partout pour suivre des sessions. Justement, en face du nouveau centre d'évangélisation, le gouvernement est en train d'aménager un aéroport international.»*

Par Émilien, le Christ se fait à nouveau Sauveur. Comme il ne prenait jamais le mérite de ses actes, Émilien prenait soin de former des gens afin de répandre l'espoir de la Bonne Nouvelle. Beaucoup suivent ses traces et celles du Seigneur aujourd'hui. Qu'ils soient laïcs ou qu'ils aient décidé de donner leur vie à Jésus-Christ en vivant comme religieux et religieuses, ces gens vivent dans un esprit de coopération. Certains ont même reçu les charismes qu'Émilien prêchait de par le monde. D'ailleurs, plusieurs suivent ses traces aujourd'hui en pratiquant un ministère de guérison.

Toujours en République dominicaine, Émilien a fondé la congrégation des Serviteurs du Christ. Il y formait des gens et partageait son enseignement avec les membres de cette communauté. D'ailleurs, et c'est là un fait fort intéressant, sur les deux cents personnes de cette communauté, treize d'entre elles ont reçu le don de guérison. Émilien appréciait l'action de Dieu chez les membres de son peuple. Il faut en effet le souligner: c'est Dieu qui distribue les dons et les charismes, et Émilien était tout au service de la gloire du Seigneur.

Même s'il ne cherchait jamais les honneurs, Émilien a rendu beaucoup de gens heureux. Ce n'est certainement pas pour rien qu'en République dominicaine, ses funérailles ont attiré plus de 40 000 fidèles. Des gens qui n'avaient plus espoir en la vie lui sont reconnaissants de leur avoir aussi bien rapporté la Parole de Dieu. En fait, les Dominicains formaient sa seconde famille.

Pour démontrer à quel point Émilien se donnait à la cause des plus démunis, je laisse la parole au père Hermann Morin, des Missionnaires oblats de Marie Immaculée. *«Je connais bien le père Émilien Tardif. La première fois que je l'ai rencontré, c'était lors d'une visite que je fis en République dominicaine vers 1965, alors qu'il se dépensait sans mesure dans l'activisme. J'étais d'avis, comme l'exprime si bien le père Tardif, que le don des langues n'était pas précisément ce dont ces pays du Tiers Monde avaient besoin, mais bien de promotion humaine.»*

D'ailleurs, à ses funérailles, monseigneur Santana, qui prononçait l'homélie, a souligné le dévouement constant d'Émilien en faveur de la justice sociale et des pauvres. Et il n'y a pas qu'en République dominicaine qu'il a tant fait pour la cause de l'humanité. Le père Hermann Morin l'explique.

«Au printemps de 1971, je passai au Mexique, à Cuernavaca, où l'évêque rouge, monseigneur Mendez Arceo, me fit comprendre que les petites communautés chrétiennes étaient l'avenir de l'Église. Simultanément, je fus initié au Renouveau. À l'automne 1971, je me fixai à Acapulco où, depuis 25 ans, j'anime des petites communautés de base et charismatiques. Le père Émilien ne tarda pas à devenir l'enfant chéri du Mexique. En 1978, 1979 et 1980, il nous prêcha la retraite annuelle des prêtres. C'est là que je l'ai mieux connu et apprécié. En 1984, il nous

prêcha une autre retraite sacerdotale, à Acapulco. Cette fois-là, il fut mon hôte toute la semaine. À son tour, il me reçut chez lui à Saint-Domingue avec mes trois compagnons mexicains durant tout un mois. Je fus à même de voir de près l'amour et la confiance des gens pour lui, non seulement de la part des humbles mais aussi des autorités tant ecclésiastiques que civiles.»

Émilien, homme d'espoir pour tant de gens, a toujours pris soin de remettre en perspective les spectaculaires actes qu'on lui prêtait: *«N'oubliez pas que je suis un témoin, seulement un témoin»*, répétait-il sans cesse. Son œuvre s'inscrit dans les demandes de Dieu: *«Allez, faites de toutes les nations des disciples, baptisez-les au nom du Père, du Fils et du Saint-Esprit, et enseignez-leur à garder tout ce que je vous ai prescrit. (Mathieu 28, 19-20)»*

Le jour où le miracle s'est produit

«Ce qui a guéri et fait marcher cet homme que vous voyez et connaissez, c'est la foi dans le nom de Jésus.»
Actes 3, 16

J e ne connaissais pas Émilien Tardif lorsqu'il est tombé gravement malade, en 1973. Je trouve cependant important de rappeler certains faits afin de mieux montrer à quel point Émilien se laissait guider par Dieu.

Émilien a toujours été un travailleur acharné et il en a subi les conséquences. En 1973, il se trouvait en République dominicaine, où il travaillait à titre de Provincial pour les Missionnaires du Sacré Cœur. D'une activité à l'autre, de la construction d'une chapelle à des collectes de fonds, Émilien a souffert de cet excès de travail. C'était cependant sa mission, ce à quoi il avait décidé de donner sa vie. Il remerciait le Seigneur de lui permettre de vivre tout cet activisme. Mais déjà, à 45 ans, il était fatigué. Sa disponibilité complète, son abandon personnel, sa compassion devant la souffrance humaine, l'énergie qu'il mettait à évangéliser, à construire un avenir meilleur pour tous, tout cela avait conduit Émilien à une grande fatigue. Ainsi, il est tombé malade le 14 juin 1973. Ce jour-là, il s'est cru arrivé à la fin de son voyage sur Terre.

Atteint de tuberculose pulmonaire aiguë, il est revenu se faire soigner au Québec, mais seulement 15 jours après sa crise, car il était trop faible pour supporter le voyage. Arrivé ici, on lui a confirmé sa maladie, les médecins lui affirmant qu'après un an de traitements et de repos, il pourrait retourner à ses œuvres.

Un jour, il reçut la visite du prêtre qui dirigeait alors la *Revue Notre-Dame*, qui voulait écrire un article sur le thème «comment vivre avec sa maladie». Il voulait lui faire accepter sa maladie. Tout de suite après, cinq laïcs d'un groupe de prière du Renouveau charismatique entrèrent dans sa chambre d'hôpital. Ils venaient le voir afin de prier pour sa guérison. *«Après que les médecins m'aient fait tous ces examens et avant qu'ils ne commencent leurs traitements, je me souviens que cinq personnes d'un groupe de prière charismatique du Québec sont venues me voir. Elles ont prié pour moi dans la chambre de l'hôpital et le Seigneur m'a guéri en trois ou quatre jours»*, racontait Émilien.

Pourtant, il n'avait jusque là pas beaucoup d'estime pour ce mouvement. Il affirmait avec force qu'il n'avait pas besoin, entre autres, du don des langues mais de promotion humaine. Comme prêtre, il n'a cependant pas vu comment il aurait pu refuser leurs prières. Il disait: «*Je l'acceptais plus par éducation que par conviction.*» Il ne croyait pas qu'une simple prière puisse lui faire recouvrer la santé.

Dans le Renouveau charismatique, on essaie pourtant de faire entièrement confiance à la Parole de Dieu, qui ne peut pas nous tromper. Ce n'est pas de la magie. C'est plutôt le risque à courir pour réaliser la Solidité de la Parole. C'est l'Évangile qui le dit: «*Ils imposeront leurs mains aux malades et ceux-ci seront guéris.*» Les cinq laïcs présents dans sa chambre d'hôpital se sont donc approchés d'Émilien et lui ont imposé les mains. Émilien ne se sentait pas très à l'aise dans cette situation. Afin de respecter leurs croyances, il a dit aux laïcs de fermer la porte de la chambre, afin d'éviter d'attirer des regards indiscrets. Mais Jésus était entré! Laissons-le raconter la suite…

«*Pendant la prière, je sentis une forte chaleur dans les poumons. Je pensais que c'était une nouvelle crise de tuberculose et que j'allais mourir. Mais c'était la chaleur de l'amour de Jésus qui était en train de me toucher et de guérir mes poumons malades. Durant la prière, il y eut une prophétie. Le Seigneur me disait: «Je ferai de toi un témoin de mon amour.» Jésus Vivant était en train de donner la vie non seulement à mes poumons mais aussi à mon sacerdoce, à tout mon être.*»

Émilien s'est senti mieux dans les jours suivants, mais il a dû rester à l'hôpital afin de retrouver peu à peu ses forces. Un mois après sa crise, les médecins ont conclu à sa rémission totale! C'était pour eux un cas unique! Le plus drôle dans cette histoire, c'est que la *Revue Notre-Dame* a bel et bien publié un article sur le thème «comment vivre avec sa maladie», montrant un photo du père Tardif. Ce ne fut certes pas le meilleur numéro de la revue...

Le Seigneur avait guéri Émilien grâce à la foi de celui-ci. La nouvelle de sa guérison a fait le tour du monde... avec lui. Occupé dans ses activités d'évangélisation, Émilien voyait sa réputation le suivre partout. En furetant dans le réseau Internet, vous aurez d'ailleurs l'occasion de voir des pages entières qui lui sont consacrées. Chaque fois, on parle du miracle de sa guérison et de ses charismes.

Le jour où il a reçu le don de guérison

«La Promesse (l'effusion de l'Esprit et de ses dons),
c'est à vous qu'elle est destinée, à vous et à vos enfants
ainsi qu'à tous ceux qui sont au loin et que
le Seigneur appellera.»
Actes 2, 39

L e 18 novembre 1973, au cours d'une de ses réunions, le père Tardif voit un homme, dans l'assistance, se mettre à pleurer. Cet homme souffrait d'arthrose. Il s'est levé, a laissé tomber ses béquilles et s'est mis à marcher. À ce moment, le père Tardif a réalisé qu'il avait, grâce à Dieu, un charisme de guérison.

Émilien m'a raconté qu'un matin il avait à dire la messe dans une petite église en montagne. Il n'y avait que quelques personnes qui assistaient à la célébration. Après la communion, il a senti monter en lui une certitude de guérison d'une femme de l'assemblée. Il n'avait pas le choix. Il fallait la proclamer.

C'est là l'origine de cet étrange mais si beau ministère de compassion et de guérison.

Un peu plus tard, lors d'une assemblée à Los Angeles, il se mit à dire des mots qu'il ne comprenait pas lui-même. C'est à ce moment qu'il a reçu, en plus du charisme de guérison, celui des langues, comme les apôtres lors de la Pentecôte: *«Ils furent tous remplis d'Esprit saint et se mirent à parler en d'autres langues, selon que l'Esprit leur donnait de s'exprimer.* (Actes 2, 4).»

Pourtant, Émilien ne se voyait pas comme un guérisseur ou un charismatique. Il restait toujours très humble devant ses réalisations. C'était la volonté de Dieu qui se manifestait en lui. *«Je ne fais pas de miracles, c'est Jésus qui guérit»*, répétait-il.

Il reste que ces actes de guérison nous impressionnent tous. Chaque fois, les gens se demandent comment cela fonctionne, se disent qu'il doit y avoir un truc. Pourtant, ce n'est que par la foi qu'ils peuvent se produire. Au Japon, lorsque j'ai eu la chance de côtoyer Émilien chaque jour pendant un mois, j'ai pu lui poser toutes sortes de questions. Je voulais lui demander comment se vivaient, dans son cœur, les moments où il recevait une certitude de guérison.

Afin d'en avoir un bref aperçu, le père Hermann Morin explique en ces mots comment fonctionne le charisme de guérison. *«Le Seigneur révèle à la personne douée de ces charismes que lui, le Maître, est en train de guérir tel ou tel malade. Cette révélation est tellement forte et précise que, souvent, elle est accompagnée d'une vision dans laquelle lui est montrée l'organe ou*

*la partie affectée du malade, tandis qu'une main gué-
risseuse est à l'œuvre. En plus, dans bien des cas (et c'est le
cas des douze ou quinze membres de mon équipe de guérison à Acapulco), le leader ressent une espèce d'empathie,
une sensation très douloureuse quasi identique à celle du
malade, sensation qui diminue et évolue en joyeuse et
libératrice à mesure que la guérison progressive ou immédiate se produit. À ce moment s'impose la proclamation de
la guérison, la confirmation de la part du malade et la
vérification immédiate de la part des proches et du médecin, s'il est présent, pour dissiper tout doute et augmenter
la confiance des autres malades.»*

Émilien a tant fait de guérisons de par le
monde qu'il est impossible d'en donner un chiffre
précis. Un des hommes qui ont bien connu Émilien,
Philippe Madre, l'a bien vu dans diverses assemblées.
Lui qui exerce aussi un ministère de guérison, il sait de
quoi il parle lorsqu'il loue l'œuvre du Seigneur lorsque
celui-ci agit à travers un être comme Émilien. Il écrivait d'ailleurs ce qui suit dans la revue *Feu et lumière*
du mois de septembre 1999.

*«Au cours d'une célébration eucharistique dans
son église paroissiale de Pimentel, à Saint-Domingue, le
père Émilien avait reçu dans son cœur comme une pensée
insistante ne comportant qu'un seul mot: estomac. Surpris
et gêné, il avait finalement osé proposer à l'assemblée de
prier pour quelqu'un qui, peut-être, souffrait de l'estomac… sans «résultat» immédiat. Mais le lendemain, un
homme s'était présenté et témoignait qu'il souffrait d'un
ulcère très douloureux à l'estomac, mal qui s'était résorbé*

durant la nuit. La guérison était complète! Et cela avait été la première leçon de simplicité de cœur du père Tardif, dans l'accueil de ses charismes.»

Dans le même numéro de ce magazine, Émilien avait d'ailleurs témoigné du peu de foi de certaines autorités qui voulaient pourtant faire en sorte que des gens soient guéris par lui: *«Un jour, je prêchais à Lourdes et il y avait beaucoup de malades en fauteuils roulants. Avant la cérémonie, j'ai demandé aux responsables:* «Voulez-vous bien détacher ces malades-là.» *Ils étaient tellement bien ceinturés que même un géant n'aurait pu se lever de sa chaise. Et j'ai dit:* «Où est votre foi? Pourquoi attachez-vous vos malades alors que vous demandez au Seigneur de les faire se lever?» *Alors ils ont accepté de détacher leurs malades et voici qu'une dame s'est levée de son fauteuil roulant et a commencé à marcher. Après la cérémonie, un journaliste m'a demandé:* «Mon père, comment se fait-il que cette dame-là, qui était dans un fauteuil roulant, a pu se lever et marcher, alors que l'autre, sa voisine, qui a une grande foi, ne s'est pas levée? Comment pouvez-vous expliquer cela?» *C'est là que je lui ai répondu:* «Ça, c'est la première question que je poserai au Seigneur quand j'arriverai au Ciel et, ensuite, je pourrai te répondre!» Lors de notre voyage au Japon, je lui ai demandé comment il sentait venir en lui cette certitude de son charisme. Émilien, qui disait les choses si simplement, m'a répondu: *«Tu vois, ce charisme-là, c'est un peu comme une boîte de Kleenex. Quand tu tires un mouchoir, il en arrive un autre! Ainsi, si tu as une certitude partielle, tu la dis! Arrive alors une autre partie de la certitude, et ainsi de suite… Exactement comme lorsqu'on tire les mouchoirs en papier de la boîte.»*

Et c'est vrai! Le Seigneur m'a fait vivre la chose au Japon, où une jeune fille a été guérie de son eczéma. Elle en avait auparavant des pieds à la tête! *«C'est par bribes que le Seigneur a permis que je proclame ce qui me venait dans le cœur.»* La jeune fille a été touchée et guérie. Elle était tellement heureuse et joyeuse!

Un grand voyageur dans le monde entier

«Ils partirent prêcher partout: le Seigneur agissait
avec eux et confirmait la Parole par les signes
qui l'accompagnaient.»
Marc 16, 20

Émilien a tellement voyagé dans sa vie. Je n'ai certes pas l'intention de raconter en détail chacun de ses périples. De toute façon, les gens qu'il a rencontrés savent à quel point il se rendait disponible pour tous. En quelques lignes, voici comment il a vécu après l'année 1973, alors que le Seigneur lui a permis de faire un autre bout de chemin sur Terre.

Après sa guérison, le Père Tardif a décidé de s'intégrer dans les groupes du Renouveau Charismatique, qui en était alors à ses débuts au Québec. Petit à petit, il a découvert son charisme de guérison. *«Ce fut pour moi un formidable instrument du Seigneur pour accompagner mon travail d'évangélisation»*, disait-il.

Il est par la suite retourné à Saint-Domingue, puis il a entrepris ses voyages dans le monde entier, où il attirait des foules immenses. Son œuvre, il l'a consolidée en fondant, il y a plus de vingt ans, la communauté des Serviteurs du Christ Vivant, présente actuellement dans plusieurs pays d'Europe et d'Amérique. Au fil des ans, il aura visité plus de 65 pays, prêchant parfois devant quelque 40 000 personnes. Émilien a fait du contenu du Renouveau charismatique une part importante de son ministère. Comme il avait installé ses pénates en République dominicaine, il parlait parfaitement espagnol. Et parce qu'il est passé partout dans le monde, il parlait, bien sûr, le français mais aussi l'anglais, ne serait-ce qu'un peu. Il a fait des retraites dans tous les pays d'Europe, il est allé en Argentine, en Amérique du Sud, en Afrique, au Japon, au Québec, au Canada. Bref, il a fait le tour du globe pour évangéliser et témoigner de sa guérison. Il menait une vie à un train d'enfer!

En Australie, Émilien est aussi bien connu comme faisant partie du Renouveau charismatique. Il a mené des conférences à trois reprises, la dernière étant «Jésus est vivant», en 1995. Il avait prévu, pour le mois de janvier 2000, de retourner en Australie, plus précisément à Melbourne, pour la conférence «Jésus est vivant 2000», mais il avait dû annuler ses projets. De fait, ses médecins voyaient d'un mauvais œil qu'il parte à nouveau dans un si long voyage…

En effet, tout au long de sa vie, Émilien s'est promené aux quatre coins du globe, visitant plus d'une soixantaine de pays. Certains affirment même qu'il en a visité plus de 70. Mais là n'est pas l'objectif que d'encourager la surenchère. L'important n'est évidemment pas le nombre de pays visités mais bien ce qu'il a fait dans le cadre du message de Jésus Ressuscité, c'est-à-dire les conversions, les guérisons, la Parole de Dieu et l'espoir qu'elle apporte aux êtres humains.

Je pourrais parler longtemps de ces voyages, des pays visités, des gens rencontrés, mais je crois pouvoir donner un exemple du rythme effréné de ces activités au cours du prochain chapitre. En effet, en 1988, j'ai accompagné Émilien pendant un mois au pays du soleil levant, le Japon. Je serai alors en mesure de vous donner une idée du programme de deux évangélisateurs en pays inconnu, du rythme parfois infernal des activités de prédication, des séances de prières, etc.

Un formidable compagnon d'évangélisation

«Il y avait, dans les environs, une propriété appartenant au premier personnage de l'île, du nom de Plubius, qui nous reçut et nous logea amicalement pendant trois jours. Le père de Plubius était alité, en proie à la fièvre et à la dysenterie; Paul entra chez lui, pria, lui imposa les mains et le guérit.»
Actes 28, 7-8

J'ai eu le grand honneur et le bonheur d'accompagner Émilien durant un mois au Japon. Ça se passait en juillet 1988. Nous avons prêché pendant 27 jours et pris seulement trois jours de congé. Ça a été, pour moi, une expérience extraordinaire. Je dis souvent, à la blague: *«Ce sera, dans ma vie, mon record Guinness que d'avoir parlé avec Émilien durant un mois et d'avoir pris l'avion onze fois avec lui pour survoler le Japon d'un bout à l'autre afin de porter la parole de Dieu.»*

Ce sont des souvenirs impérissables. Mon ami Émilien m'invitait à voyager et à évangéliser avec lui. Tout cela a commencé durant l'action de grâce d'une messe, quelques mois avant le départ, déjà prévu, d'Émilien pour le Japon.

Émilien était de passage à Montréal et avait été invité à prendre la parole au cours d'une messe qui se tenait au Colisée Jean-Béliveau, à Longueuil. J'étais assis tout à côté de lui. Après la communion à la célébration, j'étais recueilli et je priais dans mon cœur. Émilien s'est penché vers moi et, le plus simplement du monde, il m'a demandé: *«Jean, que fais-tu en juillet prochain?»* Je ne le savais pas, étant donné que nous n'étions qu'en octobre.

Il a poursuivi en me demandant: *«Est-ce que ça te tenterait d'aller avec moi au Japon?»* Je n'ai pas trouvé les mots tout de suite pour répondre. Je n'en revenais tout simplement pas. Le Japon, ce n'est pas à côté… Je lui a dit: *«Quoi? Au Japon?»* Il m'a répondu: *«Je t'en reparle après la messe.»* Et il s'est levé et s'est avancé pour prier avec la foule.

Après la messe, Émilien est revenu me voir et m'a dit: *«Pense à ça: du 1ᵉʳ juillet au 1ᵉʳ août prochain, je dois aller évangéliser au Japon. Tu seras avec moi, tu prêcheras avec moi. Des interprètes seront sur place pour traduire. Tout est payé pour toi, mais tu ne recevras pas de salaire. Un homme de Hollande me tient à un montant fixe un compte en banque pour les dépenses de mon compagnon de voyage, lorsque je dois aller au loin. J'aimerais que ce soit toi qui vienne avec moi.»*

Je suis resté muet de surprise, mais j'ai finalement réussi à lui dire: *«Je prie pour cela et je te rappelle cette semaine.»* Au cours de la semaine, je lui ai annoncé que j'acceptais son invitation. Il m'a alors dit: *«Prépare-toi, le Seigneur va nous donner de belles choses à vivre. Je suis content d'y aller avec toi. Tu mettras de la vie. Tu sais, moi, je ne prêche pas très bien. Je crois bien que le bon Dieu savait ce qu'il faisait lorsqu'il m'a demandé de prêcher comme ça dans le monde entier. Comme je ne suis pas très bon, il voulait montrer que tout ça venait de Lui!»*

En effet, les retraites se vivent à une rythme fou. À coup de quatre enseignements par jour, des visites dans les hôpitaux, des déplacements fréquents, ça peut épuiser un homme très rapidement. Alors à deux, ça divise la tâche! Pourtant, je me sentais indigne d'aller accomplir une telle mission avec cet homme. C'est grâce à la simplicité qu'il démontrait et sa grande foi qu'il m'a convaincu. C'est donc ainsi qu'Émilien venait de s'adjoindre un compagnon de voyage.

Je tiens à raconter en détail ce voyage au Japon pour deux raisons. D'abord, je souhaite décrire le rythme de vie d'un évangélisateur. Les notes que j'ai prises représentent une espèce de photo, un cliché d'un mois de ministère. Vous nous suivrez donc pas à pas et vous constaterez que, partout, Dieu est Providence. Ensuite, je raconte ces événements pour remercier Dieu de ce compagnon unique qu'a été Émilien. Avec son humour de pince-sans-rire, ses histoires, sa naïveté, Émilien reste un homme de Dieu apportant partout cette bonne nouvelle du Salut et mettant au service du peuple de Dieu ce charisme de guérison que le Seigneur lui a donné. Il ne s'en sent nullement propriétaire; chaque fois, il rend grâce à Dieu et reconnaît sa petitesse. Il incarne en lui même une incroyable leçon d'humilité et de service d'Église. Je vous dis enfin que ce voyage restera pour moi comme un exploit donné par Dieu dans les événements de ma vie. Jamais plus, je pense bien, je ne pourrai faire autant dans un même mois. Pour illustrer la frénésie dans laquelle nous nous trouvions, voici les vols que nous avons pris pour effectuer ce voyage:

1er juillet: de Montréal à Chicago

1er juillet: de Chicago à Tokyo

2 juillet: de Tokyo à Osaka

11 juillet: d'Osaka à Hong Kong

13 juillet: de Hong Kong à Osaka

13 juillet: d'Osaka à Fukuoka

18 juillet: de Kumamoto à Osaka

22 juillet: d'Osaka à Sandai

22 juillet: de Sandai à Sapporo

25 juillet: de Sapporo à Tokyo

1er août: de Tokyo à Chicago

1er août: de Chicago à Montréal

Émilien Tardif, 1928-1999

Émilien est né à Saint-Zacharie, en
Beauce, le 6 juin 1928, mais il a passé
sa jeunesse en Abitibi. Le voici en
compagnie de sa mère.

C'est dans cette maison qu'a grandi le jeune Émilien. Elle a été construite par Léonidas Tardif, le père d'Émilien, en 1940.

Un nom qui fait presque rêver... La paroisse des Rapides danseurs devrait son nom à une petite cascade, où les eaux sautillent sur les roches comme si elles dansaient. C'est là qu'a grandi Émilien Tardif et qu'il a été ordonné prêtre.

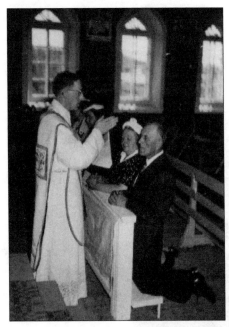

À l'âge de 27 ans, en 1955, Émilien est ordonné prêtre. À l'occasion de la première messe qu'il a célébrée, il a béni son père et sa mère.

Émilien célèbre sa toute première messe. C'est alors le début d'un long et profond engagement envers le Christ, qui le mènera dans quelque 65 pays sur les cinq continents.

Émilien, jeune prêtre rempli d'enthousiasme, a joint la congrégation des missionnaires du Sacré-Cœur à l'âge de 21 ans.

Valise à la main, Émilien s'en va à la rencontre des fidèles en République dominicaine. C'est en 1956 qu'il a fait son premier grand voyage d'évangélisation.

Émilien et son frère Louis, qui a prêté quelques-uns de ses souvenirs pour la rédaction de ce livre témoignage.

En 1981, Émilien Tardif, en visite au Vatican, a rencontré le tout nouveau pape, Jean-Paul II.

Photo: L'Osservatore Romano/Città del Vaticano

Émilien n'a jamais délaissé ses proches. Il revenait au Québec tous les 3 ans lorsqu'il était missionnaire en République dominicaine et, au cours des 15 dernières années, il venait faire un saut dans sa famille tous les étés.

Émilien, le quatrième en commençant par la gauche, pose ici en compagnie de membres du clergé et de son frère Louis.

Au départ de notre voyage pour le Japon,
le 1er juillet 1988. Nous nous envolons
pour un mois complet de prière
et de prédication au pays du soleil levant.

À notre arrivée
au Japon, nous
avons été reçus
dans une famille
japonaise. Déjà,
on nous fait
nous sentir
comme chez
nous.

«Comme c'est drôle de ne rien comprendre au langage d'un peuple, me disais-je. On doit ralentir notre rythme pour laisser traduire. C'est bon, car ça nous donne l'occasion de faire l'expérience d'être un instrument entre les mains de Dieu.»

Nous sommes toujours au Japon. Avec son humour de pince-sans-rire, Émilien rend grâce à Dieu et reconnaît sa petitesse. Il incarne en lui même une incroyable leçon d'humilité et de service d'Église.

Le dimanche 17 juillet 1988, cet en cet endroit que
nous commençons une session pour les leaders.
«Seigneur, sois présent au travail que nous faisons
avec Toi et garde-nous petits.»

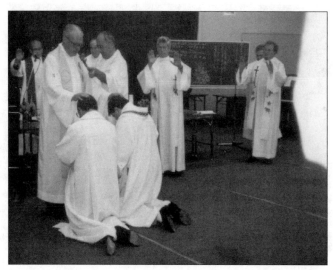

À l'occasion de la première retraite des prêtres, nous
leur avions demandé de prier sur nous.

C'est la fin de notre voyage au Japon. À Tokyo, Émilien et moi sommes allés, avant de partir, dans un centre de pastorale rencontrer une quinzaine de religieuses canadiennes.

Une photo récente de quelques membres de la famille d'Émilien. De gauche à droite: Irène, Yvonne, Adrien, Adrienne (elle est religieuse), Émilien, Rose, Armandine, Louis et Philippe.

La dernière visite d'Émilien aux Rapides danseurs, en 1990. C'était alors le 50e anniversaire de son frère Philippe et son 40e anniversaire de prêtrise. De gauche à droite: Irène, l'épouse de Philippe, Adrienne, la sœur d'Émilien, Émilien, Laurenne Gauthier, une grande bénévole, et Hilaire.

En août 1995, lors d'un grand rassemblement à Paray-le-Monial, Émilien affirme une fois de plus: «Ce n'est pas moi qui guéri, c'est le Seigneur.»

Le soir du 3 juin 1996, à Sherbrooke, il y avait un grand rassemblement du Renouveau charismatique. Les événements qui ont suivi ont fortement ébranlé la famille d'Émilien.

Cette grande soirée du 3 juin 1996, à l'Université de Sherbrooke, était pourtant un moment intense de prière.

Le moment de prière avec le Saint-Sacrement, toujours au cours de cette fameuse soirée à l'Université de Sherbrooke.

Émilien a été foudroyé par un infarctus, le 8 juin 1999. C'est Evaristo Guzman, un diacre marié, qui l'a découvert sans vie. Émilien était habillé, ce qui, selon Evaristo Guzman, est un signe de dignité.

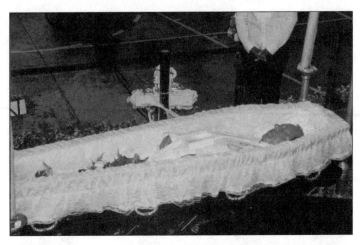

Hélène Paquet, la nièce d'Émilien Tardif, était à ses funérailles. «C'était un homme rassembleur, disait-elle, un homme qui nous a touchés. Aux funérailles, les rues étaient fermées. Sa tombe ouverte nous faisait voir un homme en paix.»

«Seulement une personne possédée de l'Esprit du Christ, comme le père Émilien, peut mener à bien tant d'œuvres et évangéliser tant de peuples dans les cinq continents du monde», disait mgr Flores Santana dans son homélie.

Une foule impressionnante s'était massée au stade Cibao de Santiago, le 13 juin 1999, pour rendre un dernier hommage à ce grand homme de prière qu'était Émilien Tardif.

Devant le cercueil d'Émilien, des centaines de personnes, principalement de République dominicaine, font leurs adieux à leur «témoin».

L'œuvre d'Émilien est immortalisée, notamment, grâce à la nouvelle école d'évangélisation qui portera son nom.

Journal d'un voyage d'évangélisation

«*Ils persévéraient dans l'enseignement des apôtres,
dans la communion fraternelle, dans la fraction
du pain et dans la prière.*»
Actes 2, 42

V oici en détail ce que nous avons vécu,
Émilien et moi, au cours de notre périple au
Japon. Tous ces mots proviennent de mon
journal. Ce sont des notes que j'ai prises chaque jour
et que je conserve afin de toujours garder en mémoire
les moindres détails de mon voyage avec Émilien. Ne
vous en faites pas si quelques commentaires semblent
futiles; ils sont au contraire la preuve que nous
sommes humains et que la rencontre d'un peuple que
nous connaissons si mal est surprenante à chaque
instant.

Pendant ce voyage, nous avons côtoyé des
prêtres, mais aussi des laïcs et des gens dits «ordinaires». Les Japonais forment un très beau peuple, fort

accueillant, mais si différent! Devant cela, il était aussi fort impressionnant de voir combien Émilien peut rester simple. Un être de toute beauté!

Le vendredi 1ᵉʳ juillet 1988

Émilien et moi partons de Montréal à 9 h 30. Arrivés à Chicago, nous prenons le vol en direction de Tokyo, qui durera 11 heures et 17 minutes exactement. La distance entre ces deux villes est de quelque 10 280 kilomètres!

Dans l'avion, à côté de moi, un Japonais lit un livre. C'est curieux de le voir parcourir les pages de son volume en partant par la fin. Je crois que je vais vivre un dépaysement complet.

Nous arrivons à Tokyo à 14 h, heure locale. Nous passons aux douanes et attendons notre correspondance pour Osaka par le vol de 17 h. À Montréal, il est 4 h du matin. Nous avons terriblement sommeil.

Des prêtres viennent nous chercher à Osaka. Nous mangeons un peu et, au moment de nous mettre au lit, il y a déjà 26 heures que nous sommes debout! C'est le début de cette incroyable aventure de prédication. Nous sommes ici pour porter la Parole de Dieu. Je demande à Jésus qu'il nous porte, Émilien et moi, dans son cœur et de préparer d'avance ce séjour pour nous. *«Que sa volonté soit faite.»*

Le samedi 2 juillet 1988

Au Japon, il y a 120 millions d'habitants et seulement 450 000 catholiques. C'est tout un contraste! Il nous faut aussi nous adapter au décalage horaire: il y a 13 heures de différence avec le Québec. En fait, les Japonais commencent leur journée 13 heures avant nous. Ce n'est pas le pays du soleil levant pour rien... Ce 2 juillet n'existe pratiquement pas pour nous, puisqu'il est compris dans notre voyage du 1er juillet.

Le dimanche 3 juillet 1988

Nous nous levons seulement vers 11 h, de façon à récupérer le sommeil manquant causé par le décalage horaire. Nous prions, puis passons à table pour le repas du midi. À 13 h 30, nous participons à une messe à Kobe, à la paroisse du père Jean Penchrec'h, qui est lui-même venu nous accueillir. À 16 h 30, nous nous retrouvons à la maison universitaire de Kensai afin de planifier notre retraite. À 20 h, nous entreprenons cette fameuse retraite.

Au cours de cette retraite, je me mets à réfléchir sur la situation dans laquelle nous nous trouvons, Émilien et moi: «*Comme c'est drôle de ne rien comprendre au langage d'un peuple. Comme c'est curieux d'avoir des interprètes pour traduire. On doit ralentir notre rythme pour laisser traduire. C'est bon, car ça nous donne l'occasion de faire l'expérience d'être un instrument entre les mains de Dieu. Tout ce que nous avons à faire est de disparaître derrière la Parole.*»

Le lundi 4 juillet 1988

À Kensai, nous prions au cours d'une retraite qui regroupe une soixantaine de prêtres et de religieux et religieuses. Je trouve admirable l'engagement de ces hommes et de ces femmes qui ont donné leur vie pour le peuple Japonais. Ils sont ici depuis 30 ou 40 ans. C'est si beau de constater leur disponibilité.

Il fait humide. C'est la période des pluies abondantes qui tombent en vrac et puis... plus rien! Le soleil revient. Quand nous nous déplaçons d'un endroit à l'autre, nous devons nous adapter aux coutumes du pays. Ça fait si drôle d'enlever nos souliers chaque fois que nous entrons dans une maison!

Selon les missionnaires que nous rencontrons, le Dieu des Japonais, c'est le Japon lui-même! Ils n'acceptent pas d'être en deuxième place et ils sont prêts à s'entraider énormément pour être les meilleurs.

Le mardi 5 juillet 1988
Je rencontre un prêtre japonais de 76 ans qui a vu la bombe à Nagasaki en 1945. Il dit avoir vécu pendant quatre secondes une chaleur quatre fois plus forte que celle du soleil. Il se trouvait à 32 kilomètres de là.

Après avoir prononcé deux conférences, Émilien et moi allons manger. On nous dit de tenir notre plat dans notre main, ce que ne peuvent faire les animaux! Pour apprécier les mets, il faut... saper! Quelle joie de se sentir délinquant! Pourtant, chez nous, on m'a élevé à ne pas le faire lorsque j'étais jeune...

Autre différence: la fourchette. Pour les Japonais, manger avec des baguettes signifie la becquée de l'oiseau, tandis que la fourchette est le signe de l'oiseau de proie qui gratte avec ses griffes! Devant ces belles considérations philosophiques sur l'art de manger, Émilien, qui ne parvient pas à se servir de ses baguettes, s'exclame: «*Au diable les griffes! Donnez-moi une fourchette quand même!*» Nous avons bien ri...

Par la suite, nous rencontrons des gens en consultation. Quand ils ne parlent que japonais, ils s'accompagnent d'un interprète. La journée se termine après une soirée de prière.

Le mercredi 6 juillet 1988

Cette journée se passe sous le thème de la Miséricorde et du sacrement du Pardon. Elle se déroule normalement, sauf peut-être au moment du repas. En effet, au Japon, les gens prennent rarement du dessert. Pauvres nous, Québécois qui aimons tant nous sucrer le bec! Après le repas, Émilien et moi sommes donc allés nous acheter de la crème glacée!

Le jeudi 7 juillet 1988

J'admire ces prêtres et ces religieux et religieuses d'ici. J'en ai rencontré une qui a l'air toute jeune. Cette religieuse avait pourtant 70 ans, mais elle ne les paraissait certes pas. C'est très difficile de deviner l'âge des Japonais... Elle nous a dit qu'elle était entrée en communauté après la mort de son mari. Elle y a rejoint sa fille.

Au souper, nous remarquons la belle présentation de notre assiette. On dit qu'au Japon on prépare les repas davantage pour l'œil que pour l'estomac. En effet, on n'en a pas beaucoup, mais c'est beau!

Le vendredi 8 juillet 1988

Émilien donne la conférence sur la Vierge Marie. C'est la fin de la retraite. Avec le père Penchrech'h, nous allons visiter un temple bouddhiste. On y amène des enfants pour qu'ils reçoivent la protection des divinités.

En route vers Osaka, nous nous arrêtons au monastère des sœurs Passionnistes pour prier avec elles. Elles sont toutes bien heureuses de rencontrer le père Tardif, qui est connu là-bas grâce à ses livres.

Arrivés en plein centre d'Osaka, nous logeons au Royal Hotel, un endroit chic qui nous a été réservé par les organisateurs de la retraite. Chauffeurs de taxi en chemise et toxédo, habits et uniformes partout, on sent qu'il y a du fini et que la façade est importante ici. Pour donner une idée du coût de la vie au Japon, disons seulement qu'un simple club sandwich coûte 13$ canadiens!

À 19 h 30, la session de fin de semaine, à laquelle participe l'évêque d'Osaka, âgé de 79 ans, est lancée. Il y a 360 personnes. Je me sens bien pauvre et petit d'être ici, devant tout ce beau monde.

Le samedi 9 juillet 1988

Nous sommes toujours à Osaka. Émilien et moi prononçons des conférences, traduites par des interprètes. En après-midi, Émilien donne la conférence sur l'effusion de l'esprit pour vivre avec le groupe. Vers 16 h, il fait une prière de demande de l'Esprit saint. Jésus nous l'a promis: «*Le Père ne peut pas refuser l'Esprit à ceux qui le demandent!*» Le peuple en joie se met à danser, alors qu'une dame est guérie de sa main paralysée!

Il paraît que le peuple japonais est très réservé; il est rare ici qu'on voit les gens danser. Pourtant, l'ambiance est à la fête! On fait la farandole. Émilien et moi sommes pris d'assaut par le groupe! À la messe, le Seigneur continue d'agir puissamment par le charisme de la parole de connaissance.

Le moment de l'effusion de l'Esprit est une grande explosion de joie. Les Japonais, pourtant peu démonstratifs, ont chanté et dansé! Une vraie belle Pentecôte. Il va falloir proclamer ouvertement la force de l'Esprit saint au Québec et faire fi de ce que les «grands penseurs» peuvent croire ou dire.

Le dimanche 10 juillet 1988

La session s'achève déjà. Depuis trois jours, nous donnons la Parole de Dieu avec joie et assurance, comme au temps de l'Église des Actes des apôtres. Des signes accompagnent la Parole. Émilien est de toute évidence choisi par Dieu pour ce ministère de guérison. Ce qu'il est beau dans sa simplicité. Le Seigneur m'instruit et me fait vivre des choses assez spéciales. Mais il faut savoir rester simple devant Lui! Nos grosses têtes d'intellectuels doivent être capables de se courber devant notre Dieu!

Le lundi 11 juillet 1988

On nous reconduit à l'aéroport d'Osaka, afin que nous prenions le vol pour Hong Kong. Nous avons trois jours de congé. À Hong Kong, les produits de consommation coûtent dix fois moin cher qu'au Japon. Émilien et moi décidons donc de nous faire confectionner chacun un habit. On prend nos mesures le soir, et l'habit est prêt le lendemain matin!

Émilien s'achète aussi une machine à écrire. Arrivés à l'heure du repas, nous voulons essayer la nourriture du pays. Résultat: nous en sommes incapables! Nous optons alors pour des saveurs que nous retrouvons chez nous en décidant d'aller manger… au MacDonald! Ça, ça goûte la même chose partout dans le monde!

Le mardi 12 juillet 1988

À Hong Kong, au Jumbo Floating Boat Restaurant, il y a une foule impressionnante! Le pays, une colonie britannique pendant 99 ans, a été restitué à la Chine le 1er juillet 1997. Il y a près de six millions d'habitants, soit presque la population du Québec, entassés sur un territoire 1 400 fois plus petit!

Émilien et moi allons au sommet d'une montagne, à 1 400 pieds de hauteur, en autobus.

Le mercredi 13 juillet 1988

Nous nous rendons à l'aéroport de Hong Kong afin de prendre un vol pour Osaka. À Osaka, un père vient nous conduire à l'aéroport, nous donne nos vêtements fraîchement lavés et un peu d'argent. Nous embarquons pour Fukuoka. Arrivés là, le père Ryle vient nous chercher. Je réalise dans cette façon providentielle de voyager que nous sommes des fils de roi. Je crois que c'est cela, croire à la Providence. Nous embarquons dans un avion, on vient nous chercher, on nous ramène, etc. *«Et votre Père, qui voit dans le secret, vous le rendra et sait de quoi vous avez besoin!»* Cette expérience me fait vivre ma foi profonde en la Providence de Dieu qui est Tendresse paternelle et qui nous connaît par notre nom. Nous avons, durant ce mois, à vivre une expérience d'abandon: nous ne savons pas, d'une fois à l'autre, où nous allons!

Le jeudi 14 juillet 1988
Nous allons rencontrer l'évêque de Fukuoka, monseigneur Hirata, qui parle bien français. Il est sulpicien. Je n'oublierai jamais ce qu'il nous a dit: *«Vous, les prédicateurs, votre rôle, c'est de traduire le charme de Dieu. Car Dieu est plein de charme et on l'a oublié. Évangéliser, c'est rendre Jésus présent et le laisser agir.»*

Nous sommes allés visiter le séminaire de Fukuoka et, en après-midi, nous sommes partis pour Kumamoto. Nous y allons afin de célébrer l'eucharistie à la léproserie.

Le vendredi 15 juillet 1988
Nous nous rendons à l'hôpital avec le curé Father Joe pour prier avec un malade. Puis, nous allons à l'hôtel

de Kumamoto, là où la session commence le soir même. Nous donnons chacun un enseignement.

Le samedi 16 juillet 1988
Je donne la conférence sur la Pentecôte. Émilien fait l'homélie sur la Vierge. Après le repas du midi, je donne la conférence sur l'Évangélisation, alors qu'Émilien prêche au sujet du sacrement du Pardon. En soirée, nous donnons le sacrement du Pardon et animons la prière en présence du Saint-Sacrement.

Ce qui m'impressionne, c'est que, pour cette session, certaines personnes sont venues en avion de l'extrême sud du Japon! Demain, nous commençons une session pour les leaders. «*Seigneur, sois présent au travail que nous faisons avec Toi et garde-nous petits.*»

Le dimanche 17 juillet 1988
Nous finissons la session le matin et allons à l'église de Kumamoto pour la messe de 14 h 30. Il y a environ 700 personnes qui assistent à ce ministère de guérison où le Seigneur agit.

Ensuite, nous rencontrons les gens pour aller souper dans un restaurant. Au Japon, il y a une coutume qui veut que chaque famille aille au restaurant le dimanche soir. Il est assez incroyable de voir des étages d'immeubles complets qui sont en fait des restaurants familiaux!

Le lundi 18 juillet 1988

Nous quittons l'aéroport de Kumamoto. La secrétaire de la paroisse nous apporte des fleurs et du chocolat. Nous prenons l'avion pour Osaka. Le père Penchrec'h nous amène au centre SANDA, un centre protestant, où nous donnerons une session aux leaders. À 19 h, Émilien commence la session avec une très bonne conférence sur l'Église. Je donne ensuite la conférence sur la Parole de Dieu.

Le mardi 19 juillet 1988

Nous continuons la session des leaders.

Le mercredi 20 juillet 1988

La session pour les leaders se poursuit. Émilien donne la conférence sur le discernement des esprits. J'anime une période de questions et de réponses. En après-midi, nous vivons une expérience de prière où nous demandons à Dieu de nous faire vivre de son Esprit.

Le jeudi 21 juillet 1988

Nous sommes à la maison universitaire d'Osaka. Je donne la première conférence sur les communautés. La messe de l'avant-midi est célébrée par monseigneur Kabayashi. En pleurant, il dit: «*La prochaine fois, père Tardif, ce ne sont pas ceux qui seront guéris qui se lèveront mais ceux qui auront le charisme de guérison.*»

C'est la fin de cette retraite. Nous nous saluons, nous prenons des photos et recevons des cadeaux. Nous prenons ensuite l'avion à l'aéroport d'Osaka pour aller à Sandai. Des pères canadiens, Roland Jolicœur et André Lachapelle, viennent nous chercher. Au presbytère où nous sommes reçus, nous rencontrons d'autres prêtres missionnaires.

Le vendredi 22 juillet 1988

Lorsque nous avons rencontré les missionnaires canadiens, à Sandai, j'ai été émerveillé de voir l'attachement de leur cœur à ce pays fascinant et bouleversant.

Le matin, Émilien et moi allons dans un centre de pastorale rencontrer une quinzaine de religieuses canadiennes. Nous participons à un dîner communautaire et nous nous rendons ensuite à l'hôpital de Sandai pour prier avec un grand malade.

Dans l'après-midi, nous nous rendons à l'aéroport de Sandai pour prendre un avion qui nous conduira à Sapporo. Le vol durera une heure.

Lorsque nous arrivons à Sapporo, on nous amène à l'hôtel Kaikan. Une session commence le soir même. L'évêque, monseigneur Peter Ginochi, vient parler aux gens.

Le samedi 23 juillet 1988

Il nous reste une semaine de prédication avant de retourner au Québec. Nous commençons à ressentir les effets de la fatigue, car nous prêchons presque sans arrêt. Nous sommes, comme on dit au Québec, «rackés».

Je vis une chose bien simple et curieuse: ça fait parfois du bien d'être dépaysé et loin de chez soi.

Aussi curieux que cela puisse sembler, d'être incapable de communiquer dans la langue du pays me repose! Ça me permet de décompresser de notre mode de vie trop rapide. C'est presque égoïste, mais je sens que cette expérience me fait du bien.

Je suis tellement fatigué que je vais dormir après avoir donné ma conférence. Émilien donnera sa conférence pendant ce temps!

Le dimanche 24 juillet 1988
C'est la fin de la dernière session. Émilien et moi donnons chacun une conférence. Durant la messe de l'après-midi, une dame a été guérie et s'est levée de sa chaise roulante pour se mettre à marcher. Et on n'est pas dans un film ou dans une pièce de théâtre!

Nous repartons de Sapporo et prenons l'avion pour Tokyo. Nous vivons alors une expérience de la Providence: notre chauffeur se trompe de route et nous amène à l'aéroport seulement 10 minutes avant le départ de l'avion! C'est ce genre d'expérience qui nous apprend à faire confiance à Dieu le Père en sachant qu'Il connaît nos besoins.

En arrivant à Tokyo, un prêtre vient nous accueillir. Nous prenons le repas du midi au 38e étage d'un immeuble. Cet étage ne contient qu'une chose: un restaurant!

Le soir venu, nous commençons la session de prédication. Environ 80 personnes passeront la semaine avec nous.

Le lundi 25 juillet 1988

La fatigue montre des signes évidents. Émilien n'est pas bien ce matin. Il a eu des palpitations et craint une hausse de pression. Le médecin est venu: Émilien doit rester couché durant l'avant-midi. Je donne donc les deux conférences de la matinée.

Il fait beau. On dit que, cette année, l'été est en retard, parce que, ordinairement, il fait tellement humide en juillet que ça écrase! Il paraît qu'on n'a rien vu de cette humidité cette année. Notre Dieu permet cette délicatesse de la Providence.

Émilien donne la conférence de l'après-midi.

Le mardi 26 juillet 1988

Il fait un temps pluvieux aujourd'hui à Tokyo. Je donne la conférence sur la Pentecôte. Émilien donne ensuite celle sur les charismes.

Il m'arrive une histoire très touchante, alors que je rencontre une religieuse qui a une jambe amputée. À l'âge de 18 ans, désespérée, elle a voulu se suicider en sautant hors d'un train en marche. Une dame croyante est venue la consoler en lui apportant le catéchisme. Elle l'a lu et s'est convertie. Elle a voulu ensuite devenir religieuse contemplative pour donner à Dieu le reste de sa vie.

Je donne une autre conférence en après-midi. Je pratique un ministère de consultation jusqu'au soir, pendant qu'Émilien voit des malades, à l'extérieur.

Le mercredi 27 juillet 1988

Nous poursuivons nos activités liées à la dernière session de notre voyage.

Le jeudi 28 juillet 1988

La journée se déroule normalement, avec les conférences et les prières pour le groupe. Émilien donne la conférence sur l'évangélisation. Je donne les conférences sur les sujets «Être prophète aujourd'hui» et «Communion à l'église». En soirée, nous célébrons une messe suivie de l'adoration durant la nuit.

Le vendredi 29 juillet 1988

Enfin une journée de congé! Nous nous rendons à la plus grande gare de Tokyo. Nous y prenons un train jusqu'à Hakone. Le train nous amène à travers les montagnes, près du mont Fuji. Nous prenons le repas et nous nous baladons en bateau.

Le soir, nous allons nous promener dans les quartiers populaires de Tokyo. Il y a là un bassin incroyable de population. C'est incroyable d'en voir la densité. Que de monde à la gare et dans le métro! Tokyo est la deuxième plus grande ville au monde, à égalité avec New York. Elle compte 12 millions d'habitants.

Nous sommes recueillis chez les Dominicains.

Le samedi 30 juillet 1988

Après le déjeuner, nous partons pour l'Université du Sacré-Cœur pour une journée d'animation. Il y a environ 500 personnes. Après nos deux conférences de l'avant-midi, les responsables de cette journée nous amènent manger.

Dans l'après-midi, à la messe, le Seigneur donne des signes puissants pour appuyer la Parole. Les gens sont touchés, et tout cela me fait vivre la puissance de la Pentecôte. Je ne peux pas ne pas parler et ne pas témoigner. Je remarque combien le Seigneur est bon et sait comment nous prendre. Il nous enseigne.

En fin de journée, nous allons avec les responsables rencontrer monseigneur Paul Mori, évêque auxiliaire. Celui-ci nous fait visiter la cathédrale.

Le dimanche 31 juillet 1988

Nous avons une dernière journée d'animation à faire à Tokyo. Ils sont plus de 1 000 personnes à nous accueillir. Ces gens savent que nous repartons pour le Québec demain. On nous offre des fleurs, des cadeaux… On prend des photos.

Sur l'heure du midi, ce grand groupe, organisé par un homme d'affaires nouvellement baptisé, fait une collecte d'argent pour l'œuvre d'Émilien. On m'a remis aussi un montant d'argent – ça prend bien le Bon Dieu pour rendre cela possible –, de sorte que nous revenons chez nous après un mois passé au Japon avec autant d'argent que nous avions lorsque nous sommes partis! Une autre expérience unique de Providence où, manifestement, on voit comment Dieu prend soin des siens.

Dans la session finale de l'après-midi, au moment de la prière, une dame, sourde de naissance, enlève son appareil et entend! C'est presque l'euphorie! Les gens applaudissent et rendent grâce. Émilien est comme un petit enfant, tout fier de ce qu'il voit. Il loue le Seigneur de tout son cœur. Quel beau cœur il a, cet homme! Pas prétentieux pour deux sous, il sait tout ramener à la gloire de Dieu!

Le lundi 1er août 1988

C'est le retour. On se rend à l'aéroport Narita, à Tokyo. Le départ pour le Canada a lieu vers midi. Un vol de 11 heures nous attend. Et, chose incroyable causée par le décalage horaire, nous arrivons à Montréal une heure avant d'être partis de Tokyo!

C'est la fin d'une des plus belles aventures de ma vie. Ce mois passé au Japon en compagnie d'Émilien restera à jamais gravé en moi. Quel beau peuple que ces Japonais. Ils ne savent que faire pour nous dire merci. Nous avons le cœur gros de partir. Merci, Seigneur, de cette délicatesse de ton amour. Alléluia!

Avoir la foi n'est pas donné à tous

*«Si cette entreprise ou cette œuvre vient des hommes,
elle se détruira; mais si elle vient de Dieu,
vous ne pourrez pas la détruire.»*
Actes 5, 38-39

É milien Tardif savait être dans les mains de Dieu. Et comme toute personne choisie, il savait demeurer humble. Avez-vous déjà remarqué que, toutes les fois où la sainte Vierge est apparue pour porter un message aux humains, Dieu choisissait des enfants ou des personnes très simples? Avez-vous déjà remarqué que, pour l'œuvre de l'Oratoire Saint-Joseph, à Montréal, Dieu a choisi un humble portier du nom du frère André, dont le nom et la réputation circulent encore et toujours aujourd'hui? Eh bien je reste convaincu que, pour signifier que le temps de la Pentecôte n'est pas terminé en l'Église, Dieu a choisi son humble Émilien, qui savait applaudir comme un enfant quand il voyait l'action de Dieu se réaliser dans le charisme de guérison dont il était investi, afin de poursuivre son œuvre.

Mais avoir la foi n'est pas donné à tous... Croire sincèrement et du plus profond de soi à Jésus-Christ Ressuscité demande un engagement de chaque instant. Émilien avait aussi ses détracteurs, mais jamais il ne jugeait les gens. Il répondait plutôt aux attaques par son incroyable sens de l'humour. Pour lui, comme le disait Philippe Madre, exercer des charismes représentait une école de simplicité et de docilité face au Saint-Esprit à laquelle il se dépensait sans compter ses heures ni son énergie. *«Avec son sens de l'humour habituel,* poursuivait le diacre, *il me disait que c'était sa manière à lui d'avoir des distractions dans la prière...»*

Certains ont déjà voulu faire passer Émilien Tardif pour un «faux guérisseur» ou un «charlatan». Les événements médiatiques de juin 1996, au Québec, nous le prouvent. Cette année-là, nous avions fait une réunion, à Sherbrooke, pendant laquelle Émilien avait donné un enseignement. C'était toujours un ministère de prière. Il a alors proclamé des guérisons, telles qu'il les recevait dans son cœur. Toutefois, des médias l'avaient plutôt mal accueilli. En fait, certains avaient tiré d'Émilien un portrait peu élogieux, allant jusqu'à le pointer du doigt comme un charlatan.

Je ne veux pas revenir là-dessus en détail, par respect pour sa famille, qui a été durement ébranlée. Ce que je peux dire cependant, c'est qu'on a voulu prendre Émilien au piège. On voulait assister à des miracles, à des gestes d'éclats qui ne peuvent se produire sans un apport profond de foi. Comment croyez-vous qu'Émilien a réagi? Il répétait avec humour que, si Dieu l'avait choisi, c'était parce qu'il était peu éloquent, que tout ce qui se passait ne pouvait provenir que du Seigneur.

Émilien, lors de ces événements, a donc répondu par la prière et la douceur aux accusations, au jugement qu'on lui faisait. Il me disait: «*On ne résout rien dans l'agressivité. Je suis certain qu'un jour Dieu va leur ouvrir les yeux. L'important est de faire ce que Dieu me demande. Mon juge, c'est lui. Alors peu importe ce qu'on peut penser de moi.*» Sa mission n'était donc pas d'imposer Dieu aux incrédules mais bien de partager son message de paix et d'amour. Il répétait toujours que lui ne faisait rien. Il réaffirmait chaque fois que c'était Dieu, en lui, qui se manifestait. Le juger revenait donc à faire porter à nouveau à Jésus sa croix.

Si le dicton «nul n'est prophète en son pays» était vrai, Émilien n'aurait vécu qu'au Québec les difficultés reliées à son charisme de guérison. Pourtant, ce dicton est plus ou moins vrai avec Émilien. En effet, il n'y a pas qu'ici qu'il a eu du mal avec les médias et certaines autorités. Ici comme ailleurs, il a su partager le message de Jésus avec des milliers de fidèles. Mais il a connu des embûches. Je dois dire qu'Émilien a vécu tellement d'événements incroyables dans sa vie... J'ai l'impression parfois que rien ne lui est pas arrivé!

Rappelez-vous le début des années 80: un phénomène formidable s'est produit à Medjugorje, en Yougoslavie. Devant de jeunes enfants, soudainement, la Vierge Marie est apparue, comme un autre message de la puissance de Dieu. Cela n'est pas sans rappeler une scène qui s'est produite il y a 2000 ans, alors que les apôtres avaient empêché des enfants d'aller à Jésus. «*En vérité, je vous le dis, quiconque n'entre pas dans le royaume de Dieu comme un petit enfant n'y entrera point.* (Marc 10, 15-16)» C'est ce que disait Jésus à ses apôtres pour leur apprendre l'importance des enfants. Eh bien, c'est à de jeunes enfants qu'est apparue Marie, Reine de la paix. Jamais à court de voyages, Émilien s'est rendu à Medjugorje lors de ces événements. Il a prié avec les gens qui s'y étaient rassemblés. Il se trouvait là en compagnie, notamment, de l'abbé Pierre Rancourt et du diacre Philippe Madre. Les événements qui ont suivi peuvent paraître tragiques, mais jamais Émilien n'a perdu son sang-froid. Il en aurait pourtant eu l'occasion, car, le 25 août 1983, les autorités de l'ex-Yougoslavie l'ont arrêté et l'ont expulsé du pays, lui et ses compagnons.

À propos de ces événements à Medjugorje, Philippe Madre écrivait, dans la revue *Feu et lumière* du mois de septembre 1999: «*Je crois avoir, comme beaucoup d'autres sans doute, bien connu le père Tardif. Nous aimions nous rencontrer assez régulièrement pour évoquer le ministère de prédication et de guérison, et son évolution dans le Renouveau international, pour prier ensemble, soit «dans l'intimité», soit pour les malades lors de grands rassemblements, soit encore pour des moments, imprévus, plus «aventureux», comme cette journée d'incarcération en ex-Yougoslavie, près de Medjugorje, en*

1982, où nous prêchions la première retraite locale de guérison. Les foules étaient venues en masse dès le deuxième jour, et le troisième, nous avions été arrêtés par la police sous le surprenant chef d'accusation que «si la loi de ce pays acceptait que l'on prie pour les malades, elle n'autorisait pas à faire des guérisons»!»

Comme jugement, cela laisse perplexe, non? Mais c'est aussi lors de tels événements qu'on apprend le plus à connaître ses proches. Philippe Madre ajoutait d'ailleurs, à ce sujet: *«C'est surtout durant cet emprisonnement, avant notre expulsion du pays, que j'avais découvert davantage Émilien. Il savait être à l'écoute de ses proches, il demeurait paisible en toute circonstance, même la plus occupante. Il était touchant de confiance en Dieu et savait se servir de son bon sens de l'humour pour faire le bien. La prière, il savait ce que c'était…»*

Le père Hermann Morin en rajoute. Dans sa lettre qu'il avait fait parvenir à un journaliste après les événements de 1996 au Québec, il affirme qu'Émilien n'est ni un ingénu ni un charlatan. *«J'ai sur mon bureau la liste des prédications du père Tardif pour l'année 1996 et celle de 1997: un agenda tassé, du 1ᵉʳ janvier au 31 décembre, dans tous les continents. Ça prend une santé physique et un équilibre moral peu communs pour résister à tant de pression: quelques semaines en Europe, puis en Afrique et en Extrême-Orient, et enfin l'Amérique du Nord et du Sud. Ça exige aussi un don de soi peu ordinaire.»*

Émilien se donnait corps et âme. Il remerciait Dieu de lui avoir permis de recouvrer la santé en lui rendant grâce partout dans le monde. *«Par exemple,* continuait le père Morin dans la même missive, *en mars 1996, il a prêché en Côte-d'Ivoire, au Burkina Faso, au Sénégal, au Pakistan, et il a terminé le mois par une rencontre à Rome du Conseil international du Renouveau charismatique dont il est membre. À la fin de ce mois de juin, on le retrouve à Barcelone, aux îles Canaries, puis au Portugal. Il commence juillet à Madrid, puis il passe en Sicile, à Rome et à Milan, et termine avec une semaine en Pologne. En août 1997, il fera une semaine à Sydney, une autre à Singapour, une autre en Malaisie et la dernière en Indonésie.»*

Émilien aurait bien pu ralentir ses activités après sa crise qui l'a terrassé en 1973. Mais le miracle de Dieu l'a sauvé, et Émilien a décidé de tout faire afin que la Parole du Christ soit transmise au plus grand nombre. Sa mission est celle d'un messager volontaire et digne. Il s'est oublié pour laisser la place à Dieu, le seul qui puisse mériter autant d'attention.

Une autre anecdote montre à quel point Émilien ne prenait jamais le crédit pour les guérisons. En Hollande, alors qu'il prêchait au sanctuaire de Maastricht, il y avait eu guérison non pas de une mais de deux religieuses qui étaient atteintes du surdité. Il était comme ça, Émilien. Il recevait en lui des paroles de connaissance. Mais ce jour-là, quelque chose de formidable s'est produit: les deux femmes qui avaient été guéries étaient en fait des sœurs jumelles qui œuvraient dans la même congrégation! Un spectateur un peu abasourdi était alors venu à sa rencontre. Il était médecin de formation et... journaliste de profession!

Celui-ci se demandait bien ce qui avait pu se produire. Émilien lui avait répondu ceci: «*Demandez à Jésus. C'est lui qui les a guéries, ce n'est pas moi. Si vous voulez savoir ce qui s'est passé, mettez-vous en prière et demandez à Jésus de vous expliquer comment il a guéri les jumelles en même temps.*»

Des funérailles nationales pour Émilien

«Le Seigneur, après leur avoir parlé, fut enlevé au ciel et il s'assit à la droite de Dieu. Et les apôtres s'en allèrent prêcher partout. Le Seigneur travaillait avec eux et confirmait la parole par les signes qui l'accompagnaient.»
Marc 16, 19-20

Hélène Paquet, la nièce d'Émilien Tardif, a travaillé pendant six mois aux œuvres de son oncle en République dominicaine. Elle était à ses funérailles, en compagnie de quelque 40 000 personnes venues rendre un dernier hommage à leur «témoin». *«C'était un homme rassembleur,* disait-elle, *un homme qui nous a touchés. Aux funérailles, les rues étaient fermées. Tout le monde avait des drapeaux blancs en main ou des mouchoirs. Sa tombe ouverte nous faisait voir un homme en paix.»*

Et elle a ajouté: *«Il n'y a pas de mot pour décrire les funérailles. Le corps d'Émilien a été exposé pendant trois jours. C'était comme une grande retraite. Il y avait de l'animation tout le long de la journée: 35 000 personnes ont défilé devant le cercueil durant la dernière journée et*

17 000 ont assisté aux funérailles. Les autres habitants du pays se trouvaient devant des appareils de télévision, où tout était retransmis en direct. En fait, les funérailles ont même été retransmises en Italie, par satellite! Chaque jour, pendant les neuf jours qui ont suivi sa mort, il y avait une messe célébrée à sa mémoire. Il fallait voir les militaires partout. Les drapeaux blancs partout! C'était incroyable.» Hélène avec sa bonne humeur et son humour, a ajouté: *«Tout ça pour notre petit mononcle! On avait peine à y croire!»*

Émilien n'a jamais voulu faire de spectacle. Il était tout de même devenu une véritable vedette, pas seulement en République dominicaine mais partout dans le monde. Quand il allait prêcher, que ce soit au Japon, en Europe ou même ici, au Québec, les gens se précipitaient pour le voir et l'entendre. *«Il racontait son expérience de foi, reprend Hélène Paquet. Il a été un exemple d'abandon. Il était un homme très humble. Je suis très heureuse d'être venue lui dire au revoir dans son pays d'adoption.»*

Reconnu comme un homme de bien, Émilien a reçu un vibrant hommage lors de ses funérailles. Comme l'a fait Jésus tout au long de sa vie sur Terre, il a laissé venir à lui jusqu'au plus petit des hommes. Ce personnage si humble, si «humain», aurait sûrement été surpris des bouleversements que sa mort eût pu causer. En effet, à l'annonce de son décès, le gouvernement de la République dominicaine, où il a œuvré de tout son cœur et de toute son âme pendant tant d'années, a décrété une journée de deuil national! Les drapeaux étaient en berne.

Des témoignages d'amitié ont été lancés des quatre coins du monde. Le prêtre Ghislain Roy, qui travaille en Beauce, s'est rendu aux funérailles d'Émilien. *«Le lendemain de sa mort, a-t-il expliqué sur les ondes de Radio-Galilée, à Québec, le cardinal Lopez, archevêque de Saint-Domingue, a présidé une célébration à son honneur. Il était entouré d'une centaine de prêtres et de cinq ou six évêques. Cela précédait la célébration du 13 juin, présidée par monseigneur Flores Santana.»*

Il convient de rappeler les circonstances du décès d'Émilien. En juin 1999, il prêchait une retraite dans la ville de Cordoba, en Argentine. Comme je vous l'ai mentionné un peu plus tôt, ces retraites se vivent à un rythme fou. En fin de compte, la vie effrénée d'Émilien l'aura rattrapé.

Il était dans sa chambre, le matin du 8 juin, lorsqu'il a subi un foudroyant infarctus. Inquiets de son absence, des prêtres sont montés dans sa chambre. C'est Evaristo Guzman, un diacre marié, qui l'a découvert sans vie. Émilien était habillé, ce qui, selon Evaristo Guzman, est un signe de dignité.

Quand d'autres prêtres sont arrivés et l'ont vu, inerte, les yeux vers le ciel et les mains tendues, ouvertes vers le Royaume des cieux, symbole d'un regard d'amour et de miséricorde, ils ont pris son corps et l'ont apporté dans une grande salle où devait se tenir la cérémonie de prière. Ils ont alors étendu Émilien sur une table au cœur de cette salle. Les 300 prêtres qui participaient à cette retraite ont célébré la messe autour du corps inerte d'Émilien. J'en ai encore des frissons lorsque j'imagine la scène...

Émilien avait été emporté par une subite crise cardiaque. Il était chaussé, un fait que l'on peut rattacher à un psaume: «*Qu'ils sont beaux, les pieds des messagers de l'Évangile.*» Il avait les yeux et les mains ouverts. Son décès a surpris plusieurs personnes, dont les 300 prêtres qui prenaient part à la retraite et qui l'attendaient pour célébrer la messe. Émilien aura rejoint des milliers de gens dans son sacerdoce, des gens qui ont été touchés par son ministère de guérison dans le monde entier avant mais aussi depuis le premier Congrès charismatique national francophone, tenu en 1974 au Pavillon de l'éducation physique et des sports de l'Université Laval à Québec où, peu de temps avant, par le ministère de frères et sœurs charismatiques qui avaient prié sur lui, il avait été guéri d'une tuberculose pulmonaire aiguë.

Ses funérailles, je le rappelle, ont été célébrées devant 40 000 fidèles, des Dominicains, évidemment, mais aussi des gens qui se sont précipitées des quatre coins du monde pour lui rendre hommage. Émilien est décédé le 8 juin et il n'a fallu que cinq jours pour organiser son service funèbre! Son corps a été placé dans une crypte à Santiago. Lors d'une cérémonie empreinte d'émotion, célébrée dans le stade Cibao de Santiago, le 13 juin, monseigneur Juan Antonio Flores Santana, archevêque de Santiago, a prononcé l'homélie. Il faut noter que ce texte a, avant de paraître ici, été traduit par un autre grand complice d'Émilien, le prêtre Pierre Rancourt. Je crois de circonstance de laisser la parole à monseigneur Santana.

«Chers frères,

Nous saluons et accueillons avec affection toutes les personnes qui sont venues ici du Cibao, de notre pays et du monde. Nous sommes venus participer à ce moment intense de notre vie ecclésiale et contempler le passage de notre cher père Émilien Tardif, avec Jésus-Christ glorieux à la maison du Père. C'est la nouveauté essentielle de la mort chrétienne. «Si nous sommes morts avec lui, avec lui nous vivrons.» (2 Timothée 2, 11) *C'est pour cela que sainte Thérèse de l'Enfant Jésus en agonie s'exclamait avec joie:* «Je ne meurs pas, j'entre dans la vie.»

Mardi matin dernier, le 8 juin, se répandait parmi nous et dans tout le monde la nouvelle consternante de la mort subite du père Émilien Tardif, au moment où il se levait pour continuer à diriger la retraite de 300 prêtres à Cordoba, en Argentine. La nouvelle s'est répandue avec la vitesse de l'éclair grâce aux moyens actuels de communication sociale. Nous n'étions pas psychologiquement préparés à cette information brutale. Moi, comme tous, je suis resté surpris, mais je suis devenus serein ensuite en pensant au psaume 116, 15: «Elle est précieuse aux yeux de Dieu la mort de ses saints.»

Le père Émilien, un missionnaire du Sacré-Cœur, canadien, dominicain avec les Dominicains, et ces derniers temps citoyen et prophète du monde entier. La vie, l'œuvre et les écrits du père Émilien sont connus de tous. Tous, nous les connaissons, et la presse et les autres moyens de communication en ont fait l'écho. C'est pourquoi on n'a pas besoin de les énumérer.

Avant hier, je pensais et je demandais la lumière au Seigneur pour voir ce qu'il nous disait par cette mort lumineuse du père Émilien. Et il m'est venu ces deux idées que je voudrais partager avec vous. Premièrement, à quel degré d'amour et de sainteté peut arriver une personne quand, librement et totalement, elle ouvre son cœur à Jésus-Christ. Deuxièmement, comment Dieu, dans des époques où semblent dépérir dans le monde la foi et la pratique des bonnes mœurs, fait surgir de grands prophètes qui rayonnent l'amour, la lumière et la paix dans l'Église et la société, et qui aussi secouent les consciences, en invitant à changer de vie et à se laisser transformer par le même Jésus, le Seigneur.

Certainement, le père Émilien, pour qui le Seigneur a fait un véritable miracle lorsqu'il était en danger de mort en lui rendant la santé par la prière d'un groupe du renouveau charismatique au Canada, a fait un travail apostolique dans la ligne de ce mouvement, inspiré par Dieu dans le sein de l'Église. Il a travaillé avec une vision biblique et théologique et toujours dans l'obéissance au Magistère authentique de l'Église. Il l'a fait aussi sans négliger la dimension humaine et sociale.

Alors qu'il était supérieur provincial des Missionnaires du Sacré-Cœur, ce fut le travail pour la justice sociale et pour les pauvres qui, bien qu'Émilien était jeune, a détérioré sa santé et l'a conduit au bord de la mort. Lui-même nous dit dans son livre Jésus est vivant qu'il avait consumé son temps et sa vie dans des activités matérielles, la construction d'églises, des séminaires, des centres de promotion humaine et de catéchèses, etc., et en cherchant de l'argent pour soutenir ces œuvres.

Depuis que nous sommes jeunes, nous nous connaissions très bien et, tous les deux, nous avions travaillé ici, à Santiago. D'une part, j'ai toujours remarqué en lui «l'homme de Dieu» qui vivait à la perfection sa vie sacerdotale et religieuse. D'autre part, il avait de grands dons humains: l'intelligence, la mystique du travail. Il était entreprenant, il avait une grande capacité d'organisation et une grande ténacité pour réaliser ses projets évangéliques et humains. Avec la grâce de Dieu, la force de volonté, la sagesse, il pouvait vaincre les nombreuses difficultés qui se présentaient.

Le père Émilien, même après s'être mis à travailler davantage dans le renouveau chrétien dans l'Esprit (dans lequel il a eu une grande tâche au niveau mondial avec sa formation théologique et sa prudence) n'a jamais négligé dans sa vie et sa prédication «l'engagement temporel», surtout pour les pauvres. Nous avons un exemple récent et aveuglant de personnes qui ont porté le poids économique de la construction du Centre catholique charismatique de Las Caracas, en banlieue de cette ville, et qui deviendra un sanctuaire dédié à la sainte Trinité à l'occasion du grand jubilé de l'an 2000 de notre Rédemption réalisée par le Fils de Dieu fait homme, Jésus Christ notre sauveur et seigneur. Ces personnes m'ont confié qu'elles désirent terminer ce centre de retraite, d'évangélisation et de spiritualité et consacrer leur vie et les revenus de leurs entreprises à la prévention et à l'éducation de milliers de jeunes nécessiteux de cette région. Le père Émilien ne se trompe pas quand il insiste pour dire que le plus important, c'est que Dieu touche le cœur de l'être humain avec sa lumière et sa grâce, qu'il lui découvre le monde nouveau des merveilles et des dons messianiques, pour l'amener à changer de vie, le transformer et faire de lui «un homme nouveau» selon le Christ, comme il fit avec Zachée.

Zachée, une fois que son cœur fut changé, lui-même, sans que le Christ l'avertisse expressément, se décida à rendre les biens mal acquis et à partager avec les gens dans le besoin les biens acquis honnêtement. Par contre, un homme renfermé en lui-même ne peut pas comprendre le bonheur profond que produisent dans le cœur l'amour, le service et le partage des biens. (Actes 20, 35) *La lutte pour la justice est nécessaire, mais nous, les personnes de l'Église, devons être conscients que c'est très difficile d'amener une personne à abandonner ses idoles sans lui faire connaître, sentir, aimer le Dieu vivant et vrai et ensuite l'ouvrir aux autres. Saint Pierre dit qu'il faut* «abandonner notre manière de vivre idolâtrique pour savourer comme est bon le Seigneur; et vice versa, il faut faire savourer comme est bon le Seigneur pour quitter notre manière de vivre idolâtrique.» *Nous connaissons tous tristement des prêtres qui ont échoué en caressant le noble idéal de la justice dans le monde, sans d'abord désarmer les cœurs avec la force que seul le Seigneur possède.* (1 Pierre 2, 1-3)

Je vous invite à revenir aux deux idéaux dont je vous parlais au début. Le premier, une personne peut atteindre un haut degré d'amour et de sainteté quand, librement et totalement, elle se laisse posséder par Jésus-Christ. Le cas de saint Paul se répète dans toutes les époques et toutes les générations, car il y aura toujours des personnes qui se laisseront séduire pleinement par le Seigneur et qui se laisseront transformer par «la force d'en haut». (Actes 1, 8)

Saint Paul semble délirer devant ceux qui, de façon totale ou partielle, ont un regard terrestre ou mondain, lorsqu'il se met à crier à tous vents: «Attention, disait-il en toutes circonstances, moi-même j'ai été touché, atteint, possédé par le Christ Jésus et je juge que tout est perte; plus je considère tout comme déchet devant la sublimité de la connaissance du Christ Jésus, mon Seigneur. Puissiez-vous sentir, vous aussi, ce que je vis.» (Philippiens 3, 7-16)

C'est exactement ce qu'a vécu le père Émilien Tardif. Il était un prêtre et un religieux magnifique, d'un zèle apostolique extraordinaire, mais il n'était pas encore parvenu à ce moment de plénitude de l'amour du Christ. Quand «il eut cette rencontre les yeux ouverts et le cœur palpitant avec le Christ vivant», alors il disait: «Jésus est entré dans mon cœur.»

Son père supérieur, pensant que le père Émilien s'était épuisé par son travail pour l'Église et les pauvres, voulut l'envoyer en Europe pour renouveler ses études théologiques, bibliques et sociales. Il voulait que cela lui serve de repos et de renouveau dans ses forces physiques et spirituelles. Mais le père Émilien répondit humblement que s'il était envoyé sous l'obéissance, il irait, mais qu'en conscience il sentait une grande poussée à partir dans le monde entier pour annoncer l'amour et les merveilles du Seigneur pour nous et pour renouveler au nom du Christ l'appel à la conversion afin que tous goûtent les biens du Royaume de Dieu. Dans un discernement silencieux et calme, le supérieur se rendit compte que cela était la volonté de Dieu et qu'il ne pouvait pas l'empêcher.

Émilien racontait que, dans son enfance, il avait entendu un missionnaire dominicain parler avec ardeur de l'amour de Dieu et que son esprit avait été bouleversé. Il se disait en lui-même: «Un jour, je serai comme ce missionnaire.»

Tout ce que Jésus a fait avec le cœur de Paul, d'Émilien et de tant d'autres peut se réaliser dans un degré plus ou moins grand en chacun de nous. Tout dépend de notre attitude, de notre réponse, de notre fidélité à continuer dans la rencontre intime avec le Seigneur, de qui vient la lumière, la force et la grâce. «Sans moi, vous ne pouvez rien faire.» (Jean 15, 5)

Et quand Jésus entre dans le cœur d'une personne, l'amour entre avec lui. Alors disparaissent les croix et les difficultés réelles ou apparentes qui viennent, car, comme le dit saint Augustin: «Où il y a l'amour, il n'y a pas de douleur», mais de la joie malgré les difficultés.

La deuxième idée est comment le Seigneur, dans

toutes les époques de l'Histoire, fait surgir de grands prophètes, de telle sorte que «son message parvienne à toute la Terre et jusqu'aux confins de la Terre sa parole.» (Psaume 19, 5) *Le Seigneur a dit de Paul:* «J'ai choisi cet homme pour qu'il porte mon nom aux païens, aux rois et aux fils d'Israël.» (Actes 9, 15) *Et il a dit à Émilien:* «Je ferai de toi un témoin de mon amour.»

Seulement une personne possédée de l'Esprit du Christ, comme le père Émilien, peut mener à bien tant d'œuvres et évangéliser tant de peuples dans les cinq continents du monde. Il a dirigé des retraites pour des prêtres, des religieux, des laïcs; il a prêché des missions partout dans le monde. Il a commencé ses voyages apostoliques dans le monde en 1973 et il a évangélisé dans 71 pays. Il a visité plusieurs fois certains de ces pays. Il a trouvé du temps pour écrire des livres. Il a fondé les communautés des Serviteurs du Christ vivant, qui dirigent des maisons de prière et des écoles d'évangélisation en Espagne, en Italie, en Pologne et dans d'autres pays du monde. Il y en a six ici et quinze en dehors du pays pour un total de vingt-deux. Le but de ces communautés est la contemplation et, par ce moyen, d'en arriver à l'évangélisation et à la transformation des personnes en «hommes nouveaux» *selon le Christ.*

Nous considérons le père Émilien comme un des grands hommes de l'Église dans ces dernières décennies. Mais pourquoi parvient-il si haut et fait-il tant d'œuvres aux dimensions universelles? Il n'aurait pas pu les faire s'il n'avait pas été, comme il le fut, «humble de cœur», se laissant guider docilement par l'Esprit de Dieu et ne s'attribuant rien à lui-même, à l'image de la Vierge Marie, comme elle l'exprime dans le Magnificat. (Luc 1, 49-50) *Non, il ne se vantait pas de ses grands succès.*

En voyageant de par le monde en proclamant l'Évangile, il se décrivait lui-même comme l'âne qui a porté Jésus de Bethphagé à Jérusalem. (Marc 11, 1-10) Une personne m'a raconté que, la veille de l'inauguration de la Maison d'évangélisation de Santiago, il y avait encore beaucoup de choses à régler. Même s'il devait passer beaucoup de temps à préparer ses conférences, ses méditations et ses livres, de ses propres mains il aidait à nettoyer et à charger des objets. Il n'acceptait pas que les autres le fassent sans qu'il coopère avec eux.

De plus, il avait une grande dévotion à Notre-Dame du Sacré-Cœur. Cela démontre beaucoup d'humilité, car on expérimente l'impuissance humaine et le profond besoin de recourir à elle pour qu'elle nous obtienne les grâces d'accomplir nos devoirs et pour qu'elle nous conduise à son Fils et son Fils à Dieu le Père.

Béni soit le père Émilien, qui a accompli avec fidélité sa mission dans ce monde.

C'est normal qu'avec le départ du père Émilien à la maison du Père on sente un grand vide dans la congrégation des Missionnaires du Sacré-Cœur et dans toute l'Église. mais Dieu fera fleurir la congrégation; il fera surgir de nouveaux prophètes dans la congrégation et dans toute l'Église et il fera croître les œuvres qu'il a fondées.

Nous terminons avec les paroles que Saint-Dominique de Guzman, à l'agonie, disait à ses frères et que nous pouvons appliquer à notre cher père Émilien: «Ne pleurez pas, je vous serai plus utile après ma mort et je vous aiderai plus efficacement que durant ma vie.» *Qu'il en soit ainsi.*»

Cette homélie démontre hors de tout doute l'importance de l'œuvre d'Émilien pour le Christ Ressuscité. Lui qui, toute sa vie, a rendu grâce à Dieu qui, disait-il, agissait à travers un personnage si peu éloquent que lui-même, eh bien il aura accompli une tâche presque incroyable: répandre la Bonne Nouvelle de par le monde et faire poursuivre la Pentecôte en des temps où, comme certains le disent, la religion n'a pas la «cote».

Aujourd'hui, Émilien est assis à la droite du Père. Il doit bien s'amuser là-haut, à savoir tant de choses qui, ici, nous échappent toujours. Selon Giovanna Manzo, membre de la communauté des Serviteurs du Christ en Italie, Émilien disait toujours qu'au moment de sa mort la première chose qu'il demanderait au Père serait: «*Pourquoi guéris-tu certaines personnes et pas d'autres ?*» Voilà une preuve de l'humilité de ce prêtre qui n'a jamais cherché à être que le serviteur de Dieu, l'humble instrument de son amour auprès de ceux qui souffrent.

Béni sois-tu, Émilien.

Un nouveau début

«Tout pouvoir m'a été donné dans le ciel et sur la terre. Allez, faites de toutes les nations des disciples, baptisez-les au nom du Père, du Fils et du Saint-Esprit et enseignez-leur à garder tout ce que je vous ai prescrit. Et voici, je suis avec vous tous les jours, jusqu'à la fin du monde.»
Mathieu 28, 18-20

É milien est tellement resté humble malgré tout ce qu'il a vécu. Il répétait que c'était le Seigneur qui agissait à travers lui. C'est ce qui était le plus désarçonnant de cet homme. Il est tellement resté simple toute sa vie que j'ai l'impression qu'on va se rendre compte de la grandeur du personnage peu à peu. Ce sera sa seconde vie.

Au cours de son existence sur Terre, il a été l'instrument de guérison pour des dizaines de malades, des gens qui se préparaient à la mort ou qui étaient freinés dans leurs élans par un handicap quelconque. Par sa présence, par ses paroles, qui n'étaient pas autre chose que la Parole du Christ,

Émilien a partagé sa simplicité, sa foi et son amour de la vie avec des milliers de gens du monde entier. Plusieurs suivent aujourd'hui ses traces, dans la voie et la Parole du Seigneur.

Ce prophète, mon ami, a fait en sorte toute sa vie de rendre grâce à Dieu. Son humilité en a fait un symbole, celui de grand serviteur du Seigneur. Je reste convaincu qu'on saura découvrir qui était profondément Émilien Tardif et qu'on demandera à Dieu d'envoyer d'autres apôtres de sa trempe.

Voici à cet effet une autre lettre que j'ai reçue et qui témoigne de la grandeur d'Émilien. Elle provient d'un couple qui a participé aux activités d'Évangélisation 2000 et montre à quel point l'œuvre d'Émilien ne mourra pas de sitôt. Afin de conclure ce livre témoignage, je laisse donc la parole à Nicole et Réjean Forgues, de Saint-Charles-sur-Richelieu.

«À l'occasion d'un voyage retraite en République dominicaine, Nicole et moi avons eu le privilège de côtoyer de près le père Émilien Tardif. Bien sûr, nous l'avions vu et entendu plusieurs fois, loin de ses passages au Québec, mais vivre à ses côtés comme nous l'avons fait nous a permis de le découvrir encore mieux.

Lors de ce voyage, mon épouse et moi faisions partie de l'équipe d'animation et d'organisation pour le groupe qui vivait cette expérience de prière et de vacances. Le père Émilien Tardif avait accepté de se joindre à nous pour quelques jours.

Dès son arrivée, après quelques heures de route en automobile pour traverser la République dominicaine du sud au nord dans des conditions pas nécessairement confortables, le père Émilien se rend disponible pour rencontrer l'équipe responsable. Nous convenons alors des grandes lignes du programme de ces trois jours. Je lui demande s'il serait disponible pour recevoir des personnes pour le sacrement de réconciliation. Dans sa grande disponibilité, il me répondit: «Laissez-moi le temps de m'installer dans ma chambre et, après cela, je serai disponible.» C'est très interpellant de rencontrer un tel prêtre qui place ainsi en premier la célébration de sacrements.

Un peu plus tard, je lui ai demandé s'il recevait des gens individuellement. Nous étions environ 160 participants et participantes. Avec toute la simplicité qu'on lui reconnaît, il répond: «Oui, bien sûr, mais ne fais pas d'annonces. Je vous laisse, à ton épouse et à toi, le soin de discerner qui a besoin de me rencontrer et d'organiser l'horaire de ces rencontres.» Quel abandon! Quelle confiance! Quel cœur de prêtre généreux et disponible pour l'essentiel!

Le père Émilien témoignait de la puissance de l'amour de Dieu par les témoignages qu'il partageait, la Parole et son vécu quotidien. Nous pouvions toucher Dieu à travers sa foi et son cœur d'enfant.

Lors d'un rassemblement à l'aréna de Drummondville cette fois, j'ai à nouveau eu la joie de partager quelques moments d'intimité avec lui. Après le repas du midi, alors qu'il était fatigué, il me demande si je pouvais faire en sorte de lui permettre un temps de repos en m'assurant qu'il puisse être seul, ce que j'ai fait avec empressement. Nous étions dans une chambre de joueurs de hockey. Le plus simplement du monde, le père s'étendit sur un banc de bois et s'endormit quelques instants. Il était bien loin du vedettariat et de la recherche de gloire personnelle.

Nous ne pouvons oublier la très grande simplicité de ce grand prophète de Dieu. Le père Émilien était aussi près de Dieu que de ses frères et sœurs en Jésus-Christ.

Maintenant, il est avec Dieu. Il intercède encore mieux pour nous tous et particulièrement pour l'Église du Québec.

Nous rendons grâce à Dieu pour le père Émilien, pour son passage sur cette terre, pour la mission qu'Il lui a confiée et pour le témoignage de foi qu'il a rendu tout au long de sa vie.»

Notes bibliographiques et remerciements

Je remercie du fond du cœur les personnes que j'ai contactées ou qui m'ont contacté afin de préciser certains passages de la vie d'Émilien Tardif. Ses frères et sœurs et sa nièce, Hélène Paquet, m'ont dit de belles choses sur lui.

Hermann Morin, des Missionnaires oblats de Marie Immaculée avait pris la défense d'Émilien après les événements médiatiques de 1996, au Québec. Sa lettre, qu'il avait fait parvenir à un journaliste afin de lui préciser le mandat d'Émilien, replace bien des choses en perspective.

Nicole et Réjean Forgues, de Saint-Charles-sur-Richelieu, ont présenté leurs vœux dans une belle lettre qu'il m'a été donné de reproduire. Je les en remercie.

Tout comme je remercie, au nom d'Émilien, tous ceux et celles qui ont prié pour lui. L'action d'Émilien n'aura certes pas été futile. Elle a illuminé un grand nombre de personnes dans le monde et les a ouvert à la Parole de Dieu. Pour cela, j'adresse mes plus sincères remerciements à Émilien lui-même.

Voici, à titre d'information, quelques ressources disponible si vous désirez lire davantage au sujet de ce prophète des temps modernes qu'est Émilien Tardif.

TARDIF, Émilien, FLORES, José H. Prado. *Jésus a fait de moi un témoin.* Éditions Inter, 1984. 175 p.

TARDIF, Émilien. *Jésus est le messie: les boiteux marchent, les sourds entendent, les aveugles voient.* 1989. 179 p.

TARDIF, Émilien. *Libération et guérison, fruits de l'eucharistie.* Assemblée canadienne francophone du renouveau charismatique catholique, 1980. 19 p.

D'autres livres ont été écrits par ou pour Émilien. Notons ceux de Sylvie Bisson, *Lève-toi et marche,* qui retrace l'étonnant ministère d'Émilien Tardif dans le monde entier, et d'Émilien lui-même, *Dans le feu de l'amour.*

Le magazine *Feu et lumière,* publié par la Communauté catholique des Béatitudes, a aussi publié un dossier fort intéressant au sujet d'Émilien. En voici la référence:
MADRE, Philippe. «Père Émiliano Tardif», *Feu et lumière,* septembre 1999, n° 176, pages 2 à 9.

Demandez notre catalogue
ET, EN PLUS, recevez un
LIVRE CADEAU
et de la *documentation*
sur nos *nouveautés*†*

***Des frais de poste de 3 $** sont applicables. Faites votre chèque ou mandat-poste à l'ordre de Édimag inc.

Remplissez et postez ce coupon à Édimag inc.
C.P. 325, Succursale Rosemont, Montréal, QC,
CANADA   H1X 3B8

**LES PHOTOCOPIES ET LES FAC-SIMILÉS
NE SONT PAS ACCEPTÉS.
COUPONS ORIGINAUX SEULEMENT.**

Allouez de 3 à 6 semaines pour la livraison.

* En plus du catalogue, je recevrai un livre au choix du département de l'expédition.

† Pour les résidants du Canada et des États-Unis seulement. Un cadeau par achat de livre et par adresse postale.

Un prophète nommé Émilien

Votre nom: ....

Adresse:..

....

Ville:..

Province/État:..

Pays:..

Code postal: .... Âge:..................

Un prophète nommé Émilien

Un prophète nommé Émilien

Un prophète nommé Émilien